文學旅人

此生必訪50個日本文學地景

Nihon Bungaku Tabibito

陳銘磻 文·攝影

〈目次〉

Chubu Region

Kinki Region

Chugoku Region

Shikoku Region

Kyushu Region

〈隨筆〉

〈說明〉我的日本文學地景紀行

某年夏天，在一場有關我出版一冊日本文學地景之旅的新書發表會後，一位年輕女大學生過來問話，先是遞給我一張紀錄密麻麻文字的A4紙，告訴我，那是她和同學打算暑假到京都自由行兩週的行程計畫，「全是京都寺院和神社的參訪行程。」她說：「這樣的安排會不會過於單薄無趣？」

我清楚看見計畫書標記：「金閣寺：三島由紀夫」、「南禪寺：谷崎潤一郎」、「知恩院：川端康成」、「晴明神社：夢枕獏」……問她：「是宗教系的嗎？」「不是，文學系。」她回問：「還是老師認爲這樣的行程不妥當？」我愣怔了一下，回話：「以單一主題作爲旅行目標，目的確切而清楚，這樣很好，有主張就好。」又說：「這就是我最想傳達的文學地景旅行的概念。日本許多文化、歷史、文學都載記在寺院深處，你們發現了，想到了，看到了，並且願意親臨踏查，行程時間都不長，無法全面走訪，但已是簡明流程的完善行程。」

殘缺或不完美，本是人生一部分，多年來，我在尋索文學地景的偏執中奔赴旅途，借用旅途遇到的事，或透過和別人不同的見解，驗證旅行的感受，進而體會旅行是一場認識值得信賴的夥伴的旅程。

旅行更是人生一大部分，那是用時間和體力跟陌生世界維繫起來的情誼。小說家村上春樹說：「旅行這種事大都是相當累人的，不過有些知識是疲累之後才能親自學到的，有些喜悅是筋疲力盡後才能獲得的，這是我持續旅行所得到的眞理。」

旅遊方式不單只是跟隨旅行團或自由行，資訊發達，人們對遊玩的意志，易於汰舊換新，紙上旅遊、網站導覽、美食、歷史、宗教、戲劇、文學之旅……，無不挖空心思創造旅遊樣態。

旅行日本超過四十餘年，推廣文學地景紀行也超過二十餘年，心目中理想的文學地景之旅的悠然概念，著墨於親訪名家名著記述的背景舞臺及對地景的感受，如：神社、山脈、河岸、城市、鐵道，甚或出生地、舊居、成長地、文學紀念館，舉凡與名家名作相關的素材，都是我認定的文學地景。

不想一再重複以往到訪過的地方，旅行有計畫，沒有好心情，去了也是白去；有時又想，不過是出去走走，有什麼關係，自我解嘲是錢多也好，純粹散心也好，若是不去，可能最後會後悔也說不定，我意識到這樣做了之後，如果後悔，也比什麼都沒做再後悔要來得強大。我想過了，若是這樣做，可能看起來很蠢，但必定會得到旅行的感動與樂趣，我是這樣想，所以這麼做。

旅行跟人的情緒一樣會波動，尋路難，行路苦，然，至少能從行動中發覺自身的非凡生命力，不啻爲珍奇經歷。這本耗去人生四十餘時光，走訪日本上百名著地景，擇其五十個文學名景，以及延伸地景的著作，介紹超過三百多處，是個人從閱讀文學作品和踏查旅歷獲致的心得。清明而詳實的報導，結合文學與旅行成爲文學旅人，是文學地景紀行的美學態度，附錄的兩篇隨筆，則是紀行的履歷展示。

原載二〇二三年八月號《聯合文學》雜誌

井上靖／我的母親手記／旭川

三浦綾子／冰點／旭川

倉本聰／來自北國／富良野

Hokkaido Region

北海道文學地景

・道北・道東・道央

林芙美子／摩周湖紀行／摩周湖

渡邊淳一／失樂園／札幌

倉本聰／溫柔時光／美瑛、富良野

三島有紀子／幸福的麵包／洞爺湖昭和新山

島田莊司／北方夕鶴2/3三殺人／阿寒湖

小林多喜二《蟹工船》

函館

《蟹工船》是作家小林多喜二以函館爲報導寫作舞臺，最負盛名的社會議題之作。

一九〇三年出生秋田貧農家，幼年隨父母投靠小樽伯父家，由伯父資助就學到高等商校。一九二四年進北海道開發銀行供職，與農漁工會多所接觸，經常聲援佃農與勞工的抗爭，並參與無產階級藝術運動組織。

一九二九年發表抗議創作的《在外地主》，揭露銀行勾結地主，剝削農民的惡行，慘遭銀行革職。不久，以爆發於一九二六年，悽慘的「秩父號船難」事件爲主題，進行採訪，發表在《戰旗》雜誌的《蟹工船》，引起莫大迴響。

這部長篇報導，以剝削漁工人權與利益的非法勾當爲藍本，背景舞臺設於堪察加海域；作者走訪函館漁會，聽取船員心聲，寫下調查報告，敍述一群離鄉背井的勞動者，搭乘由報廢船改造的蟹工船，入侵俄國的堪察加半島海域，捕蟹加工製成罐頭。由於蟹工船非「航船」，工作空間狹窄，不受航海法規範，輕而易舉規避了勞動法令，加上監工為提高漁獲，強迫勞工無分日夜的作業，剝奪工人權益，棄病人不顧，還施以烙刑，導致勞動者痛下決心，為爭取權利與惡勢力抗衡，群起罷工抗爭。

原作的立意堅卓、筆鋒帶勁、語言生動，成功的把勞動者不畏強權，勇於鬥爭的氣魄躍然紙上。原著於一九五三、二〇〇九年兩度改編拍攝電影，演員有：松田龍平、西島秀俊等。

以函館作爲舞臺的文學作品，除了《蟹工船》，尚有：辻仁成《海峽の光》、石川啄木《一握の砂》、司馬遼太郎《菜の花の沖》、三島由紀夫《夏子の冒險》、安部公房《榎本武揚》、五木寛之《海峽物語》、岩井俊二《抽屜裡的情書》等，以及佐藤泰志《海炭市敍景》、《陽光只在這裡燦爛》、《愛情，突如其來》別稱「函館三部曲」。

史載，室町時代，津輕的貴族河野政通在函館一處愛奴語稱「宇須岸」的海灣頂端，蓋了一座行館，外貌似一口箱子，取名「箱館」，後來更名「函館」，位於北海道最南端、渡島半島尖端，有世界最長的青函海底隧道，連接本州與北海道，長五三・八六公里，海底部分二三・三公里，是雙線鐵路隧道，可見著壯闊的津輕海峽，讚嘆海之波瀾。

函館的扇形地貌爲世界絕無僅有。海港兩側是松前半島和龜田半島，狀似紙扇，從函館山面向市區，可以見到弧形海岸線，美景自然天成。搭乘纜車直達山頂欣賞海峽漁火、鞍部模樣的市街，好似綴滿晶亮寶石，美若虛假，使人迷醉。函館與拿坡里、香港並列世界三大美麗夜景。

延伸地景

五稜郭公園：國家史蹟，荷蘭式城堡，星形要塞，日本內戰「箱館戰爭」舞臺。

函館山：與函館以一狹長頸岬相連，乘坐纜車眺望津輕海峽，米其林三星景點。

金森赤倉庫：明治末期倉庫，活躍北海漁業鼎盛期。目前用作商業、購物中心。

東正教大教堂：俄國的教堂，日本境內最古老的東正教大教堂，別具異國風情。

津輕海峽：東太平洋，西日本海，一三〇公里，歌謠〈津輕海峽・冬景色〉所在。

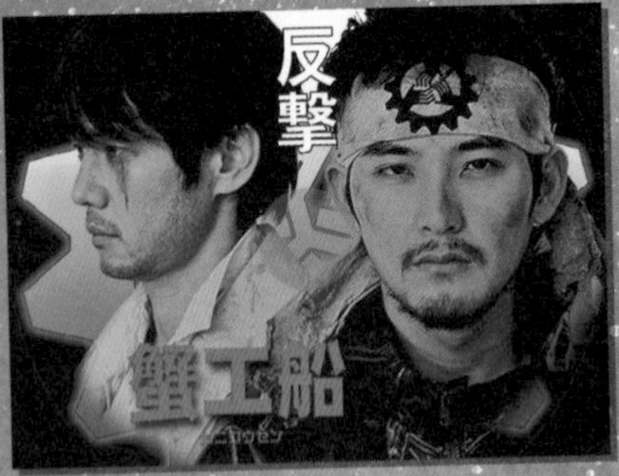

松田龍平、西島俊秀主演的電影《蟹工船》

函館車站

函館山

海峽紅磚倉庫商場

五稜郭跡

五稜郭跡公園

函館各類螃蟹

津輕海峽港口

東正教大教堂

岩井俊二《情書》

小樽

旅人熟知的小樽，大抵是面臨石狩灣的小樽運河、石造倉庫、玻璃工藝館，或是岩井俊二的《情書》。

位於天狗山東北側，突出海角的小樽，過去是個漁港，北邊與蘇聯相隔日本海，東邊緊鄰相距四十公里的札幌，途經小樽灣，水色粼波，輝映一片耀眼的浩瀚海景。小樽原名「錢函」，地名源自愛奴語ota-ru-nay，意爲「砂岸中的河」。

被譬喻爲「北方的華爾街」的小樽，街市建築融合十八世紀歐式的石砌古屋，優雅韻致，古樸質實，加上長一三〇〇公尺的小樽運河景致與花崗岩石板步道、明治和大正時代遺留的石造倉庫、運河廣場的瓦斯燈，在夜色下彰顯無比綺麗景色，造就小樽古典的浪漫韻味。

小樽以玻璃工藝見聞於世，市街藝品屋繁多，玻璃的漢字稱「硝子」，大正硝子館、大正浪漫館、北一硝子館，一家比一家豐盛。建於明治時期的小樽音樂館，陳設三千種一萬多件音樂盒，是日本最大音樂盒專門店，館前立有一座號稱世界最大的蒸氣時鐘，不時冒出白煙，每十五分鐘噴氣報時，蒸氣鐘的五支氣笛，會發出美妙音樂聲。

小樽因電影《情書》作爲拍攝場景，名噪多時，一九九五年出品的《情書》，由岩井俊二改編自個人原著小說並執導，中山美穗、豐川悅司主演。岩井俊二被譽爲「最會拍純愛電影」的導演，就連《你的名字》導演新海誠都讚嘆：「沒見過比這更浪漫的作家！」

小說和電影敍述一封原本出自思念寄往天國的情書，出乎意料之外，收到同名同姓收信者的回函，延伸出一段沉埋多年的戀情，眞相大白後，前塵往事與今時愛戀纏繞出一段淒美的摯愛……

住在神戶的渡邊博子參加因山難不幸亡故的未婚夫藤井樹的三周年忌，在母親邀請下，見到他中學時代的畢業紀念冊，出於思念，忍不住提筆寫了封信，寄到他住過的小樽舊址，寫道：「你好嗎？我很好，……」還說：「那是

小樽銀の鐘咖啡屋

小樽運河

小樽運河

小樽音樂盒

小樽洋菓子舗ルタオ

小樽觀光案內所

小樽街道

小樽音樂盒專賣店

小樽倉庫餐廳

封寄不到的信，所以我才想寫，那是一封寄到天國的信。」數日後，信函被和他同名同姓，中學同班的女同學藤井樹收到。出於好奇，她向女生探究當年光景，無意發現自己極可能是女生藤井樹的替代，因爲她們有著相似樣貌的長相……

賣座的《情書》在小樽的拍攝地：天狗山滑雪場、小樽船見坂、舊日本郵船公司小樽大樓、玻璃工藝館、市廳舍本館、朝里中學、手宮公園、苫小牧東高等學校、運河散步道等。

因爲一本書、一部電影，唯美純愛的《情書》，再次造就小樽的觀光盛況。

延伸地景

小樽運河：建於明治、大正，整排玲瓏有致的石造倉庫，烘托運河的悠然風情。

運河散步道：石板步道、復古的煤氣街燈、石造倉庫群，眼見川流平穩的運河。

音樂盒博物館：四方型歐式建築，玲瑯滿目的音樂盒，彷若置身歐洲童話一隅。

玻璃工房：運河工藝館，以玻璃工藝聞名，散步道的藝品屋，一家比一家氣派。

北一哨子館三號館：小樽倉庫改建的建物，擁有一六七盞油燈的復古冰品咖啡廳。

松本清張《點と線》

札幌

作家松本清張擅長拿捏地景作爲推理小說的舞臺，著名的《點と線》即便如是。

《點と線》最初連載於一本叫《旅行》的雜誌，是他的第一部長篇小說，敍述一名在政府機構任職的基層主管，與酒店女侍在九州香椎海邊無故身亡，警方研判爲殉情自盡。然，另一位資深刑警不表認同，懷疑另有高層官員牽扯案情。經查人證和物證清楚指出關係人於關鍵時刻，身處北海道，顯有不在場證明。這時出現一位精明的幹練刑警，因爲偵辦一宗官商勾結案，最終識破這是一起由兇手精心安排的不在場證明。

被害人與加害人全在東京工作，案發現場卻在九州香椎，兇手則現身小樽和札幌，場景甚至跨到函館、青森，十分離奇，於此，《點と線》又被稱作旅行推理小說。

大通公園札幌電視塔

北海道廳舊本廳舍

北海道文學館

札幌以銀杏樹聞名

狸小路商店街

渡邊淳一文學館

北海道神宮

札幌SAPPORO啤酒博物館

白色戀人公園

小說場景之一的札幌，取名自阿伊努語Sapporo，是北海道第一大城，日本第五大城，日本冬季最大型「雪祭」慶典，即在此地舉行，每年前往賞玩雪景者，臺灣遊客占多數，莫怪北海道觀光單位讚揚臺灣人是北海道的「冬季之神」。

札幌擁有不少人文建築及自然景觀，其中，歐式建物與縱橫交錯的街道，洋溢北國風情。被指定爲國家重要文化財，建於一八八八年的札幌舊道廳，是一座紅磚綠瓦建造的巴洛克建築，庭園花壇設計優雅，當地人稱「紅磚館」，舊道廳頂端崁有一顆六角形，代表雪花形狀的紅色星星，市徽中央的五芒星代表北極星，是北方的象徵。

遍地銀杏樹是札幌最大特色，每逢秋季，北海道大學、廳舊本廳舍前、中島公園，閃爍金黃色的銀杏並木，美翻天。遊客必訪的大通公園是代表性的都會公園，帶狀綠地，東西長一．五公里，面積達七．八公頃，冬天是「雪祭」會場，夏天設計成Sapporo啤酒廣場。一九五七年完成的札幌電視塔位於大通公園，高九〇．三八公尺的瞭望臺可眺望札幌市街景色。

除了《點と線》，作家佐佐木讓六個短篇組合的《在廢墟中乞求》，描述一名警員因偵辦某一案件未盡周全，遭停職休養的推理小說，其中，〈失蹤的女兒〉的背景舞臺也在札幌。還有，島田莊司的《寢臺特急1／60秒障礙》講述刑警辦案，爲了確認與被害者相關的訊息，不惜路途迢遙，跑到北海道，經函館、札幌，和另一位刑警在苫小牧會合。全書觸及最多的地景便是札幌狸小路的拉麵店。

札幌，成爲推理作家最愛的地景之一，是基於豐平川、發寒川沖積形成低地的環境影響？還是因爲寒冷多雪？甚或是擁有迷人的北海道開拓史蹟之故？

延伸地景

狸小路：傳統的商店街，一公里長的商場，總計涵蓋七個街口，供奉狸的石雕。
北海道神宮：爲祭祀北海道開拓之神的特別建築，因增祀明治天皇而易名神宮。
北海道文學館：展出石川啄木、有島武郎、小林多喜二、三浦綾子等人的作品。
白色戀人公園：札幌的代表甜點，可參觀「白色戀人」生產線，親手體驗製作。
札幌啤酒博物館：日本唯一啤酒博物館，深入了解北海道開拓歷史和釀酒熱情。

松尾芭蕉／奧之細道／宮城松島

宮澤賢治／宮澤賢治童話村／岩手花卷

東野圭吾／當祈禱落幕時／仙臺

Tohoku Region

東北文學地景

・青森・岩手・秋田

・宮城・山形・福島

西村京太郎／快車奧只見殺人事件／會津若松／豬苗代湖

松本清張／驛路／仙臺

石川啄木／一握之砂／岩手盛岡

太宰治／斜陽／青森五所川原市

中条厚／少年白虎隊／福島會津若松城

太宰治《津輕》

青森

津輕海峽介於本州青森及北海道之間，以本州津輕半島而得名，東連太平洋、西接日本海，東西長一三〇公里，水深四五〇公尺，世界最長的海底青函隧道穿越於此。

歷史開發悠久的青森，發掘了三內丸山遺跡等繩文時代遺跡，擁有白神山地，十和田湖、八甲田山、岩木山、佛浦等自然景觀；奧羽山脈縱貫縣中央，導致山脈西側的津輕和東側的南部地方各有不同文化和風土。青森生產的蘋果、大蒜、牛蒡產量居日本第一，八戶港的魷魚捕撈量也居第一。縣境眾多節慶別具特色，三大睡魔祭最著名，小說家太宰治出生地五所川原市的立佞武多也是三大睡魔祭之一，巡遊的山車最大達二十公尺高。

太宰治是青森縣作家最著名者，作品《跑吧！美樂斯》獲選入國語教科

書，《斜陽》、《人間失格》等更是著名。一九〇九年出生五所川原市，本名津島修治的太宰治，父親源右衛門經營銀行與鐵路，因多額納稅成爲貴族院議員。家境優渥，十八歲進出花街柳巷，與藝伎戀愛，經常透支生活費。廿一歲和銀座咖啡館女侍投海殉情未遂，遭控「幫助自殺罪」。此後經濟來源被繼承家業的長兄斷絕，一度疾病纏身，生活困頓，舉債度日。一九三六年第一本著作《晚年》的〈逆行〉入圍第一屆芥川賞候選作品，未能獲選，鎮日抑鬱。女兒津島佑子長大後同樣成爲作家，《火之山：山猿記》榮膺谷崎潤一郎獎，獲ＮＨＫ改編《櫻子》電視劇，另外，結合「霧社事件」爲背景的《太過野蠻的》深受矚目。

二戰末期的一九四四年，產生強烈死亡意識的太宰治展開返鄉之旅，走遍故鄉每一個角落，偕同友人在漁村剝蝦吃蟹、巷街酒館吟歌、觀瀾山登嶺遊寺，一場瀰漫酣酣酒意、濃濃鄉愁的巡禮就此揭開。無論走到哪裡，都被津輕人的熱情感動。終焉以一貫嘮叨自嘲、放蕩不羈，令人捧腹的丑角之姿，將自己融入事件，酣暢淋漓地記錄故鄉與故人的遊記《津輕》，一方面闡釋「映照內心的人生風景」，另方面在故里尋找可安心的勇氣。最後，坐在老保母旁邊想著：「平安就是這樣一種感覺。」這部作品雖可視爲描寫津輕地理和人物的遊記，但許多研究者將其視爲自傳體小說。

友人問：「爲什麼要去旅行？」他回：「因爲苦悶啊！」

他說：「正因爲我是津輕人，才能如此肆無忌憚大談津輕的壞話。但如果其他地方的人聽到我講這些壞話，因而全盤盡信並且瞧不起津輕，我想我自己還是會覺得不太高興。再怎麼說，我畢竟深愛著津輕。」

延伸地景

斜陽館：以青森五所川原市金木町，父親遺留的故居改建的太宰治文學紀念館。

蘆野公園太宰治銅像：於太宰治誕生百年紀念建立的銅像，現爲書迷旅遊景點。

蘆野公園太宰治文學碑：每年太宰治誕生日當天、文學碑前都會舉辦相關活動。

蘋果樹：位於青森最南端，大月町的天然紀念物，樹齡一一八，唯一的蘋果古樹。

弘前城：弘前市，十二現存天守之一，以弘前公園種植兩千株染井吉野櫻聞名。

太宰治紀念館

津輕海峽渡輪

沿途盡是太宰治文學碑

津輕海峽冬景色歌謠碑

五所川原市三大睡魔祭

疏開の家庭園

青森蘋果

太宰治紀念館疎開の家

青森弘前城

松尾芭蕉《俳句》

松島灣

以《奧之細道》聞名於世的松尾芭蕉，元祿年間著名俳人，作品刊行於一七〇二年，是日本古典文學遊記代表作，第一話「日月乃百代過客，往而復返的歲月亦爲旅人」成爲名句。

一六八九年初，正值芭蕉崇敬的西行上人去世五百周年，他與學生河合曾良作伴，從江戶出發，歷經奧州、北陸道等地，行程二四〇〇公里，耗時一五〇天的奧之細道之行。五月九日去到宮城松島灣，驚嘆松島的絕美景色，稱「無論是誰見到松島之美都會詞窮」，後人於多年後在該書收入弟子曾良的名句：「松島啊 讓我有如白鶴 飛越松島灣」。他在後江戶時期《たわらぼ》詠嘆的名句「松島啊 松島呀松島」，據稱，實爲後世的狂歌師田原坊所作。

松島，面臨宮城縣松島灣，壯闊無比，極盡視覺之美，因峭拔於海灣沿

「西行戻しの松」公園石碑

岸二六〇多座嶙峻不一的島嶼，扇谷、富山、大鷹森和多聞山組合的島嶼群，長有蒼松而得名。星羅棋布的島嶼在水氣迷霧裡顯現詩情畫意，人稱「八百八島」，景致秀麗；從岸邊可觀賞各種水姿島貌，猶如置身蓬萊仙境，其壯觀、麗觀、幽觀和偉觀的模樣稱之「松島四大觀」。

走上棧橋，搭乘遊船航行松島灣，穿梭其間，海鷗即刻成群結隊尾隨啪啪啓航的遊船，緊跟不離；遊客順勢將預先購買的仙貝，拋擲半空，飛翔英姿俊美的海鷗，像表演空中接食的絕技，紛亂之際，都能啄食成功，編織成一幅生動畫景。與京都天橋立、廣島宮島，列名日本三大景。

松島灣一側的「西行戻しの松」公園，軼聞傳說，西行曾在松樹下，跟一名修行青年論禪，兩人各持己見，不知何故，西行最後放棄雲遊松島的計畫；後人意欲西行返還松島，才有「西行戻しの松」公園。園區植有七百多株西行鍾愛的櫻樹，四月中到五月初櫻花盛開，站上白衣觀音堂展望臺，可一望無際瀏覽松島灣盛景。

同爲俳句詩人，西行和芭蕉都與松島結下不可思議的因緣，芭蕉的詩作後來成爲小林一茶、正岡子規等人的創作靈感。至今已有百餘名家以俳句頌揚

松島灣景色

「西行戻しの松」公園

松島灣景色

「西行戻しの松」公園的櫻花

松島灣景色

五大堂前朱紅色結緣橋

伊達政宗改建的五大堂

李登輝及夫人的俳句碑位於松尾芭蕉碑旁

瑞巖寺佛像洞窟

松島，小林一茶：「松島 是螢火蟲的 里程碑」，正岡子規：「沁涼的 靈魂出竅 千松島」。二〇〇七年六月，李登輝訪日遊松島，寫了首俳句：「松島や光と影の 眩しかり」（松島 耀眼的 光影），夫人曾文惠也作一首：「松島やロマン囁く 夏の海」（松島，浪漫低語，夏之波濤），與芭蕉文碑並立松島瑞巖寺。

如芭蕉所言：「日日夜夜 我的心掛念松島 或許等待我的人就在那裡」，美哉，松島。

延伸地景

仙臺市：仙臺的名物魚板、牛舌，味似天婦羅，鮮甜可口，鐘崎魚板最富盛名。

五大堂：千年歷史建築，堂內頂部繪有十二生肖像，堪稱傑作。伊達政宗改建。

瑞巖寺：建於八二八年，象徵日本禪宗風格的寺院，義經堂立有松尾芭蕉俳句碑。

間隙橋：五大堂前朱紅結緣木橋，可見橋下景物，橋旁立有《奥の細道》木牌。

伊達政宗歷史館：透過蠟像模樣，呈現第一代仙臺藩主伊達政宗事蹟的展示館。

土井晚翠《荒城の月》

會津若松城

位於福島縣的會津若松城，又名「鶴ヶ城」，有稱「黑川城」或「會津城」，一座以「武士故鄉」自詡，致力保有會津藩遺跡的城市。

明治初期，戊辰戰爭關鍵的奧州會津戰，戰火延燒若松城，身任佐幕派的會津藩主松平容保，與政府軍勢不兩立，歷經多月纏鬥，二本松城陷落，象徵若松城門戶大開，政府軍三千人迂迴突襲若松城，獲得壓倒性勝仗。

入秋，若松城聚集會津藩各地前來抵禦政府軍的義勇軍，以年齡編列青龍、白虎、朱雀、玄武等不同番號的隊伍，三四三位白虎隊員大都十五到十七歲少年，由隊長日向內記帶領，槍枝彈藥不足，僅能以長矛、武士刀應戰。城郭巷戰，死守若松城，成員負傷不少，全都送往城東飯盛山坡頂急救。彼時，

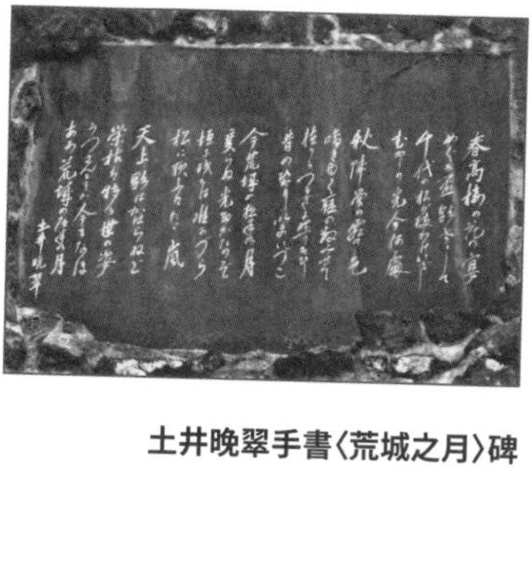

土井晚翠手書〈荒城之月〉碑

會津若松車站

電影《白虎隊》海報

會津若松〈荒城の月〉碑

會津若松城

白虎隊紀念館展示物

白虎隊紀念館

飯盛山少年武士紀念牌位

白虎隊紀念館白虎少年防禦工事

福島縣南會津郡下鄉町大內宿

白虎隊處於距離孤獨最近的地方，隻影無援。

某日，若松市町著火，火焰沖天，濃煙蔓延，二十位在飯盛山療傷的少年武士，遠眺山下城邑陷入火海，誤認鶴ヶ城陷落敵方，衆人悲憤難抑，相繼拔刀就地切腹自戕，僅餘一名奄奄一息的隊員被路人搭救，始知鶴ヶ城僅是遭火焚燒，未及淪陷。啊，未經查察，一時成爲山間之蛙，不識大海，只知藍天！白虎隊初出任務，慘遭皇軍擊潰，政府軍尚且不准居民協助收屍安葬，任其屍骨遭鳥獸啄食。少年武士殉難的事蹟自此流傳，成爲鶴ヶ城的悲戚史詩。

日後，仙臺詩人土井晚翠，以少年隊在「會津の戰」護鄉顧城壯烈犧牲，舊城淪爲荒煙蔓草，以造化遞嬗的鶴ヶ城爲創作背景，寫下歌謠〈荒城の月〉悼念，作爲撫慰白虎隊惆悵的英勇魂魄。

〈荒城の月〉曾列入日本五年制中學音樂課本教材，後因歌詞深奧難懂，幾經編委研議，撤出課程教材，但悲涼曲調依舊流傳民間。

春高樓兮花之宴　交杯換盞歡笑聲　千代松兮枝頭月　昔日影像何處尋

秋陣營兮霜之色　晴空萬里雁字影　鎧甲刀山劍樹閃　昔日光景何處尋

今夕荒城夜半月　月光依稀似往昔　無奈葛藤滿城垣　孤寂清風鳴松枝
天地乾坤四時同　榮枯盛衰世之常　人生朝露明月映　嗚呼荒城夜半月
（茂呂美耶 譯）

以白虎隊事蹟寫成小說，拍成電影者衆，《白虎隊少年》其一；或以會津為題的著作也不少，內田康夫《風葬之城》、西村京太郎《十津川警部 歸鄉・會津若松》、早乙女貢《會津士魂》、星亮一《會津白虎隊》、宮崎十三八《物語會津戰爭悲話》，出生會津若松市，臺灣日治時期的文藝工作者西川滿的隨筆《我的家鄉會津》，都與這座城市有關。

延伸地景

㊙晚翠草堂：仙士井晚翠故居，位於仙臺青葉區大町，庭園立有〈荒城の月〉詩碑。
會津武家屋敷：近東山溫泉，會津藩家老的「西鄉賴母屋敷」，歷史的博物館。
福島縣立博物館：若松城附近，展示福島縣自古至今的歷史、自然及民俗資料。
飯盛山：五古戰場遺跡，白虎隊少年武士走過的地方，也是埋骨之所，立有石碑。
會津藩校日新館：培訓會津藩武士家族子弟的最高學府，白虎隊亦曾於此學習。

夏目漱石／三四郎／東京大學

川端康成／千羽鶴／鎌倉

永井荷風／荷風の東京散策記／東京淺草

奥田英朗／東京物語／東京鐵塔

Kanto Region

關東地區文學地景

・茨城・栃木・群馬・埼玉

・千葉・東京・神奈川

吉田秋生／海街日記／鎌倉

村上春樹／遇見100%的女孩／澀谷、原宿

江國香織／動物園／恩賜上野動物園

三島由紀夫／午後の曳航／横浜市新港埠

大佛次郎《霧笛》

港見丘公園

港見丘公園原址於一八五九年橫濱港開港通商後，由英國與法國軍隊進駐，二次世界大戰結束，一度由美軍管理，一九六二年解除美軍管理，原址重建，與曾是法國領事館，被規畫成「法國山」合併，以「港見丘公園」名稱對外開放，英國總領事的官邸也以英國館開放。一九九一年設置玫瑰花園，使港見丘公園和山下公園並列爲橫濱代表性公園之一。

港見丘公園位於元町東側山丘，山丘圓弧展望臺貫覽橫濱港、海洋塔、海灣大橋、港未來廿一地區、山下公園等景致，是眺望壯闊港埠的絕佳地點。心眼因風景而開的體驗，使人在公園俯瞰橫濱港，以及行走在歐風建築的英國館、山手一一一番館、山手二三四番館、艾利斯曼邸、收藏與服飾相關資料的岩崎博物館、童話一般的山手資料館、外交官之家、法國橋，這些典雅建築的

林蔭步道，迎面吹來清涼海風，都能感受心曠神怡之悅。

種植八十品種、一八〇〇株玫瑰花，「英國玫瑰園」與「花香園」一年四季均可欣賞盛開的玫瑰和各類花木，穿過玫瑰園，散步走過大佛次郎紀念館，霧笛橋就近眼前。

霧笛橋，取名自作家大佛次郎於一九八六年完成的小說《霧笛》，這座人行天橋毗鄰神奈川現代文學博物館。

小說敍述，明治七年的山丘公園，劃定一部分域外地區，作爲外國人居留地。女主角花是一名德高望重，具有武士身分「旗本」的女兒，在江戶末期的戰爭，她失去一切，獨自過生活。

一天，一個不良官員莫名其妙接近她，她在不意中刺殺對方，心神恍惚不寧的逃逸，被一位路過的德國人吉姆搭救，帶她回洋人居留地，一個商人居住的二樓。偶然間，她遇到吉姆的馬夫千代吉，被他純眞的熱情打動，決定讓自己變得強大。正當回國的吉姆要帶她回去時，反遭拒絕，經查她已有了心愛的人，吉姆知道是千代吉，便計畫於某日讓花和千代吉跟隨參加一場輪船上的歡宴，試圖將他和偷渡者射殺；若要花殺了千代吉，她寧咬舌自盡，吉姆做不到，最終千代吉逃過一劫，是因他表現出堅強決心。是日清晨，只見千代吉和花乘著小船在籠罩晨霧的大海中划向碼頭。

除大佛次郎以橫濱港和洋人駐紮地爲小說舞臺的《霧笛》之外，曾在橫須賀海軍大學服務的芥川龍之介，也以長浦町的鐵道車廂寫了一篇被臺灣國中國文課本收錄的〈蜜柑〉，以及泉鏡花以逗子市岩殿寺寫作的〈懸香〉、森鷗外以橫濱港灣大棧橋寫作的〈棧橋〉、三島由紀夫以橫濱碼頭寫作的《午後の曳航》。

延伸地景

新橫濱拉麵博物館：拉麵發展的歷史及四、五〇年代，庶民生活的主題博物館。

橫濱中華街：日本最大唐人街，中華料理兩百多間，一九五五啓用牌樓，成觀光區。

橫濱八景島：金澤區，爲一複合型水族館遊樂園，不少電視劇與電影在此取景。

橫濱港未來二十一地區：五古戰場遺跡，橫濱市中心的海濱都會區，建有樓高二九六公尺的地標大廈。

橫濱紅磚倉庫：一、二號館大倉庫，改建修復成商業、購物、觀光、遊憩景點。

港見丘公園

大佛次郎紀念館貓俑燈飾

港見丘公園俯瞰橫濱港

大佛次郎紀念館

港見丘公園玫瑰園

港見丘公園玫瑰園

霧笛橋

霧笛橋

橫濱港繪圖

太宰治《右大臣實朝》

鶴岡八幡宮

鶴岡八幡宮是鎌倉的象徵，與平安末年的源氏有著密切地緣關係；史載，鶴岡八幡宮於一〇六三年起造，時爲源賴義平定奧州後，將京都石清水八幡宮招請到鶴岡建造比若宮；一一八〇年，源賴朝將本營設於鎌倉，並將若宮搬遷現今所在；一一九一年在大臣山山腹建造本宮，作爲源氏的氏神祭拜。如今所見鶴岡八幡宮，實爲江戶時代重建。

一一九二年，源賴朝於鎌倉置幕府，成立武家政權，鎌倉成爲政治中心，直至一三三三年，爲呼應後醍醐天皇討幕計畫，上野國的新田義貞在分倍河原等地，擊潰把源氏消滅的北条氏，進軍鎌倉，將北条氏一舉殲滅，源氏和北条氏終至滅絕。

發生在鶴岡八幡宮的源氏一族的故事何其多：源平之戰，源賴朝親兄弟源義經取得「壇の浦海戰」勝利，押解平宗盛父子凱旋，抵達鎌倉城外的腰越，源賴朝遣使命令義經不得進城，只要交出人犯即可。遭兄長猜忌深感痛心的義經遂於腰越滿福寺寫下〈腰越狀〉，委託源賴朝親信能臣大江廣元代爲轉達其手足情深、忠心不二的心意。然，義經最後仍被迫與兄長決裂，只能選擇與愛人靜御前及一干家臣流亡。

糾結於鶴岡八幡宮，源賴朝與源義經兄弟廝殺的情事，告誡人們：花不會因你疏離不再盛開，人卻因你的錯過，轉身陌路。

關於太宰治撰著，源賴朝的兒子，第三代征夷大將軍源實朝的《右大臣實朝》，情節出自史書《吾妻鏡》。傳說，實朝執掌政務任內，偏重禮佛，僧人榮西深受禮遇，在實朝命令下建造鎌倉五座名山之一壽福寺，實朝重用兄長源賴家時代，重建東大寺大佛的宋國人陳和卿建寺院，還曾因陳和卿一席話，深信自己的前世是宋國醫王山的寺院長老，妄想參謁前世住所，令陳和卿監造大型船隻，計畫渡海，可惜工料未齊，木質枯朽滲水，不宜乘用，致使渡宋之志未能得遂，後來在鶴岡八幡宮遭侄子公曉殺害。

鎌倉留存許多寺院，鶴岡八幡宮是祭神宮寺總守護神，主宮爲雙層式樓

鎌倉八幡宮正殿

鎌倉車站

鎌倉八幡宮

若宮大路

鎌倉八幡宮庭園

鎌倉八幡宮庭園

紀念源實朝的櫻樹

紀念源義經愛妾靜的櫻樹

源氏山源賴朝坐像

門，迴廊和偏殿配對華麗，每年四月舉行爲期七天的「鎌倉祭」，由神轎、樂隊組成巡遊隊伍，掀起熱鬧沸騰的祭典。

若宮大路作爲參道，種植千株櫻樹，春日花瓣紛飛；東側植有一株「靜櫻」，上書：「靜櫻 靜御前終焉の地 福島縣郡山市」，靜御前是戰神源義經的愛妾。

以鎌倉爲舞臺寫作的小說不少：夏目漱石《門》、川端康成《山の音》、太宰治《狂言の神》、立原正秋《薪能》、吉川英治《江之島物語》等，是鎌倉的文學瑰寶。

延伸地景

鎌倉大佛殿高德院：長谷，日本第二高青銅佛像，詩人与謝野晶子眼中美男子。

江の島：長四公里、標高六十公尺的陸連島，湘南觀光區，北原白秋〈江の島〉。

錢洗弁財天宇賀福神社：洞窟奧宮湧出鎌倉五名水的錢洗水，洗錢幣，財源滾滾。

源氏山公園：源氏山上，園區設有源賴朝坐像及廣場，植有二七〇棵染井吉野櫻。

長谷觀音寺：供奉一尊十一面觀音，爲國寶級雕像，廣場可鳥瞰整個由比海岸。

石田衣良《池袋西口公園》

池袋

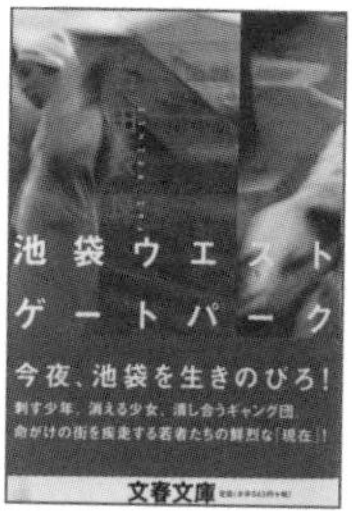

池袋、新宿與澀谷同列爲東京山手線三大副都心之一。池袋是八條鐵道匯合的大型車站，每天乘載往來旅客超過三百萬人次，車站和街道設有不少貓頭鷹雕像，好比澀谷的忠犬八公，是池袋的地理象徵，周邊有明治通、綠色大通、春日通、要町通、劇場通、川越街道等，區域中心有多間百貨店、飲食店與風俗店，吸引不少觀光客到此消費。

車站東口有西武百貨店、池袋PARCO、太陽城、豐島區役所；西口有東武百貨店、LUMINE池袋、立教大學本部、池袋西口公園，以及居酒屋等餐飲店密集的浪漫通、ROSA會館、東京藝術劇場的西一番街中央通，熱鬧地段不斷擴增。北口與東口的陽光通巷衖、明治通北側，成爲大規模的歡樂區。每天約有一百萬人聚集歡娛。

第一代《池袋西口公園》電影海報

池袋車站西口

西口商店街

西口商店街

西口公園廣場

池袋西口公園入口

公園旁的東京藝術劇場

西口公園廣場

池袋西口公園

當年曾是臺灣委託行單幫客，最多人投宿的中途站，池袋的地貌，原本存在著一個袋型水池，稱丸池，都市開發後，水池被填埋，改稱池袋，元池袋史蹟公園可見地名由來的介紹。

一九六〇年出生東京，曾任倉庫管理員、地下鐵工人的石田衣良，因感受世局變化詭譎，爲眞實呈現高度經濟發展，又遭逢泡沫化的日本，許多生活在毫無安全感，充滿頹廢、墮落、濫交、嗑藥、追求極樂，一群混跡黑暗邊緣的青少年，自我放縱狂野的青春，從而以感官推理小說形式，寫下《池袋西口公園》。

小說描述一群流連池袋西口公園，行事作風有個別想法和規範的青少年，時常搭訕路過的高中女生，合意者就一起去狂歡，遇到看不順眼的人，就群起攻擊。包括保衛池袋公園安全任務的主要幫派G-boys，他們構建屬於池袋西口特有的道義意識與行爲，秉持年輕氣盛的狂放、囂張的多樣行徑，藉由一連串失蹤人口的殺人事件，展現世俗社會迷失方向的青少年，在這座公園烙下青春歲月的成長印記。

再說，西口公園發生連續殺人事件，爲了洗刷汙名帶來的冤屈，高工畢業後窩在家裡當米蟲的眞島誠化身金田一，意圖找出變態殺人魔，同時解開好友理香的死因，以及受託尋找同學猴子愛慕的黑幫公主，變化多種角色出入黑白兩道，過程驚險萬分，最終以智取勝，逐一解開謎團，將變調的公園回復純粹樣貌，並讓紅藍兩幫派握手言和。

這本書於一九九七年獲得第三十六屆「ALL讀物」推理小說新人賞。二〇〇〇年春，TBS改編電視劇，由知名藝人：長瀨智也、窪塚洋介、山下智久、妻夫木聰、坂口憲二、佐藤隆太、加藤愛等主演，廣大的口碑迴響，讓這本書成爲推理小說的傑作。

延伸地景

池袋雜司谷靈園：夏目漱石、泉鏡花、竹久夢二、小泉八雲、永井荷風永眠地。

太陽城水族館：池袋站東口World Import Mart大廈頂層，充滿人氣的約會場所。

精靈寶可夢MegaTokyo：池袋東口太陽城開設寶可夢角色周邊產品的官方店鋪。

乙女路：針對女性客群的動漫人物的周邊商品，與各種Cosplay的服飾專賣店。

古代東方博物館：池袋太陽城，首座以古代東方爲主題，五千件文物的博物館。

東野圭吾《嫌疑犯X的獻身》

隅田川

一九九七年以《花火》獲第五十四屆威尼斯影展金獅獎，二〇〇三年又以《座頭市》獲第六十屆威尼斯影展最佳導演銀獅獎的北野武，知名的全能藝人，出版過以淺草爲背景的小說《法國座》，二〇二一年末，一部記錄北野武的傳記影片《淺草小子》上映，描述北野武作爲搞笑藝人，在淺草的成長歷程。「淺草是我離開學校後，首先到達的地方。」還說：「我人生的一半，大概都是由淺草的人情世故所組成的。」遭大學退學，他對演藝產生興趣，先從在淺草的脫衣舞劇場「法國座」擔任見習藝人開始，學習演藝技能。淺草可說是他職業生涯的原點。

位於隅田川西岸、東京都臺東區的淺草，商賈如雲，是集結美食、藝術和娛樂等大眾文化的發祥地，淺草寺，東京歷史最悠久的寺院，山號金龍山，

淺草寺五重塔

隅田川

《嫌疑犯X的獻身》電影海報

隅田川

供奉聖觀音，日本觀音寺總堂。

淺草充滿濃厚的庶民文化，是江戶人文的縮影，每年五月的「三社祭」最著名，東京最有活力的慶典之一。文豪川端康成的第一本著作《淺草紅團》，即以對淺草的人文感受，寫下《淺草祭》、《淺草的姊妹》、《淺草的九官鳥》等篇章；還有喜歡混跡煙花場所，出生明治的永井荷風，身著西服，頭戴呢帽，足履木屐、手持蝙蝠傘、黑提包，行遍下町、隅田川、淺草等名景的《日和下駄》。

推理小說家東野圭吾的《嫌疑犯X的獻身》，更是以淺草一帶的隅田川爲背景的作品，河岸步道是主角石神上學的必經之路，小說描述從石神家前的大馬路一出來，即可看見新大橋，一路沿河岸步道往南，在青洲橋處左轉可抵達清澄庭園，石神任教的學校就在清澄庭園前。

石神暗戀的花岡靖子，在隅田川岸的弁當店打工，因此步道成爲石神必經之地。小說開場，對隅田川河岸多所描述，使人不禁疑惑其中是否暗藏玄機。果然，某天在隅田川發現一具屍體，警方斷定是富樫慎二的屍體，展開調查，探訪關係人，這時，住在隔壁的天才數學家石神出手救援……。

隅田川古稱墨田川、角田川，是貫穿東京市中心的主要河川，長二三・五公里，沿途與神田川、日本橋川等會合，最後注入東京灣，吾妻橋以下河段，江戶時代稱「大川」，隨交通量擴增，如今設置鐵橋，使隅田川有「橋梁博物館」之稱，如白鬚橋、櫻橋、言問橋、吾妻橋等四十座。

隅田川右岸從濱町公園到新大橋的步道，是《嫌疑犯X的獻身》的電影拍攝場景，新大橋底下是遊民棲身所，還有，對岸的清澄庭園，被設定爲石神任教的私立高中。

延伸地景

淺草寺五重塔：高約四十八公尺。基壇內部收納供養靈位的靈牌殿、上層有舍利子。

淺草神社：位於本堂東側，神社供奉淺草寺草創的三人，每年五月舉辦三社祭。

東京晴空塔：高六三四公尺，二〇一一年十一月獲金氏世界紀錄認證「世界第一高塔」。

隅田公園賞櫻名所：沿隅田川鋪設的平穩觀景步道，是眺望晴空塔的最佳地點。

隅田川旁的朝日啤酒大樓：朝日啤酒的啤酒杯設計，廿一和廿二樓內設有美食餐廳。

淺草寺

隅田川

隅田川

吾妻橋遠眺晴空塔、啤酒屋

隅田川畔，江戶幕府海軍負責人勝海舟雕像

白石一文／一億元的分手費／金澤

芥川龍之介／河童／長野上高地

島崎藤村／拂曉前／岐阜中津川馬籠

Chubu Region

中部地區文學地景

・山梨・長野・新潟・富山・石川

・福井・靜岡・愛知・岐阜

隆慶一郎／影武者德川家康／名古屋德川美術館

橫溝正史／女王蜂／伊豆修善寺

堂場瞬一／歸鄉／新潟湯澤

松本清張／天城山奇案／伊豆天城山

三島由紀夫／盛夏之死／伊豆下田

川端康成《雪國》

越後湯澤

川端康成在榮獲諾貝爾文學獎的《雪國》卷首語寫道：「穿過縣界漫長的隧道，便是雪國。夜空下一片白茫茫。火車在信號所前停了下來。」開場語的「縣界」，原文使用「國境」，指戰國時代的上野國和越後國；「長長的隧道」是上越線清水隧道，上越線連接群馬縣和新潟縣；「雪國」，指的就是越後湯澤；「信號所」是土樽信號所，現在是車站，往前便是越後湯澤站。

越後國，又稱「上越」，古代令制國之一，屬於北陸道，也稱越州，領域相當於現在新潟縣。戰國時代越後國的領主爲上杉氏，戰將上杉謙信和直江兼續都出生越後湯澤，位於新潟縣最南端，地處長野縣和群馬縣銜接處，群馬縣與新潟縣的縣界聳立著綿延一百公里以上的三國山脈，兩縣被山脈阻隔。

川端的《雪國》以越後湯澤作爲小說背景舞臺，描述一位來自東京，喜愛西洋芭蕾舞的自由職業者島村，獨自到湯澤町旅行，在火車上遇到貌美的葉子，正細心護送患病的行男回湯澤。抵達湯澤，島村在溫泉旅館結識名叫駒子的藝伎，她情願當藝伎賺錢讓行男就醫；直到遇見財色兼具的島村，不由從欽慕而生愛。

長篇小說描繪一段徒勞的情愛，教授林水福說：「《雪國》的男女構圖也承襲了這種上下關係。藝伎身分的女主角駒子對島村的傾慕，讓讀者感到可憐而同情；男女主角又因身分的懸殊而無法結合，也感動了讀者。」

川端描寫島村到湯澤，住進客棧，某一天，望著駒子牽住小君的手，從滑雪場盡頭的坡道走回去，形容當時滑雪場的情景，寫道：「雲霧繚繞，背陰的山巒和朝陽的山巒重疊在一起，向陽和背陰不斷變換著，現出一派蒼涼的景象。不一會兒，滑雪場也忽地昏沉下來。把視線投向窗下，只見枯萎的菊花籬笆上，掛著凍結了的霜柱。屋頂的融雪從落水管滴落下來，聲音不絕於耳。」又說：「滑雪季節前是溫泉客棧顧客最少的時候。」越後湯澤的冬季，對外地人來說，簡直就是滑雪天堂，從東京搭乘新幹線，兩地相距不過七十七分鐘車程。

湯澤町滑雪場

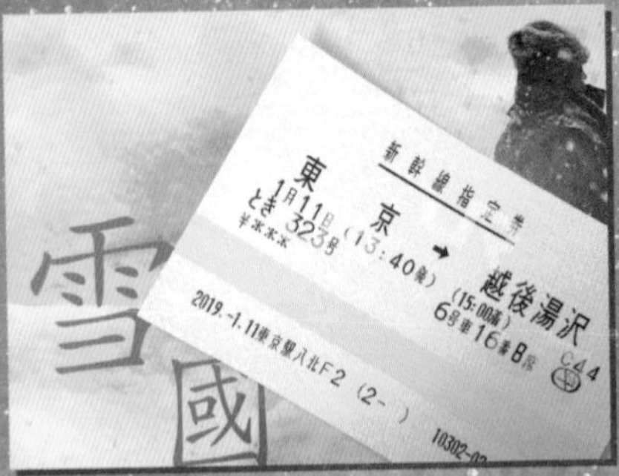

前往《雪國》越後湯澤

越後湯澤車站

湯澤町雪景

街道左側的雪國館

湯澤町街道

高半旅館的川端康成「霞の間」展館

雪國館裡的駒子房間

川端康成寫作《雪國》的高半旅館

以雪和溫泉著稱的越後湯澤，車站內「越後酒博物泡恩酒館」，可以享受加入酒的溫泉浴。從溫泉街的山麓車站搭乘纜車，登上海拔一千公尺的山頂，春天賞觀音蓮、夏天賞黃色百合花、秋天看落葉松紅葉，冬天看山呈現銀白色，到處充滿滑雪人的歡聲笑語。

《雪國》獲獎後的小鎮不復冷清，如今的觀光客多半是仰慕《雪國》的盛名而來，冬季尤甚。

延伸地景

一本杉滑雪場：湯澤町知名滑雪場，從越後湯澤站步行五分鐘，近「雪國館」。

雪國館：展示川端生平資料、《雪國》場景、女主角駒子住屋、農民生活用具。

高半溫泉旅館：江戶時代東北到關東驛站，「霞の間」川端寫作《雪國》所在。

駒子の湯：以《雪國》駒子命名的溫泉館，館內一角展示《雪國》相關物件。

諏訪神社：植有高三十公尺，四百齡杉樹、《雪國》男女主角約會的「戀愛石」。

堀辰雄《風起了》

輕井澤

江戶時代的輕井澤是中山道的「宿驛」，明治時代，功能沒落，直到一八八六年夏，加拿大傳教士Alexander Croft Shaw到訪，發現輕井澤美麗的景色與故鄉多倫多頗爲神似；一八八八年開始在當地興建別墅，並廣爲宣傳，從而開啓輕井澤作爲避暑名景的新頁。

位於長野縣淺間山的輕井澤，到處青翠綠苔、優雅情趣的石牆小路，以及隱現在落葉松林中的西式建築，宛如綠色海洋，處處畫景處處美；從東京前往，只需一個多小時車程，使曾經的古道驛站，一躍而成名震遐邇的旅遊勝地：碓氷觀景臺、白絲瀑布、榆樹林咖啡館、蜻蜓之湯、街景、歐式建築、雅致的旅館、悠閒的林蔭道、聖保羅教堂，無不討人歡喜，令人神情愉悅。

原本已是著名度假勝地的輕井澤，一九三一年，文豪川端康成與菊池寬

電影《風立ちぬ》海報

白絲瀑布

雲場池

鬼壓出園觀音寺

敎堂

觀光會館

堀辰雄紀念館外貌

堀辰雄文學紀念館

堀辰雄書齋

等人首次造訪神津牧場，隨後的一九三七年，在櫻之澤買下一座傳教士的別墅，並以輕井澤爲背景，寫下：〈田園詩〉、〈高地〉和〈秋風高原〉等小品。

一九五四年，島耕二改編堀辰雄以輕井澤爲小說背景的電影《風立ちぬ》；一九七六年，若杉光夫再度改編由山口百惠及三浦友和主演的電影《風立ちぬ》；二〇一三年，動畫導演宮崎駿引用小說部分內容，發表《風起了》，使輕井澤的旅遊名聲更盛。

一九〇四年出生東京的堀辰雄，就讀第一高等學校時，因緣結交摯友神西清，開始對歐美文學產生興趣。求學期間結識芥川龍之介，成爲唯一弟子。然，先後歷經喪母、芥川龍之介自殺、未婚妻病逝，自己也於一九五三年因肺結核病逝。以輕井澤爲背景寫作的《風起了》、《菜穗子》，傳達半生與生死病痛搏鬥，仍對愛與生命充滿熱切渴望，綻放蘊涵生死的耀眼創作。

《風起了》以大自然隱喻人生，不僅閱讀到輕井澤與八岳山麓的更迭景色，尙能讀到堀辰雄用小說描寫陪伴節子在富士見高原療養，內心充滿不安與害怕，共同在疾病中尋覓生的幸福，卻又不得不面對死亡，最後，「她走了，一位風一般的佳人。」

小說描述兩人對幸福的憧憬嚮往、對現實的無奈、對自我反思和對愛情的忠貞：「那些夏日時光，在芒草遍布的茂密草原上，妳長久佇立，專注而熱切地揮動畫筆，那些時候，我總是躺在旁邊一株白樺木的涼蔭裡。」又說：「可是所謂的人生，就像妳以往經歷過的一樣，讓一切聽天由命或許才是最好的選擇，說不定還能贈與我們一些過去從不敢奢望的東西。」日本小說家丸岡明形容堀辰雄描述生命的流逝，有著靈敏而細膩的精湛表現。

延伸地景

堀辰雄文學紀念館：陳列作家生前的書稿、書房和生活用品，營造出典雅氛圍。

白絲瀑布：淺間山的融雪化作涓涓細流，沿岩壁流淌，像無數白色的絹絲水簾。

輕井澤新藝術博物館：展示活躍世界最前衛的日本藝術家，及群展的藝術作品。

輕井澤玩具王國：遊樂設施充實，還提供木工雕刻教室，供遊玩、學習的體驗。

舊輕井澤銀座通：人氣商店街，輕井澤必逛景點，街區各種特產名店鱗次櫛比。

泉鏡花《高野聖》

飛驒山脈

飛驒山脈橫跨富山、岐阜、長野與新潟四縣，又稱北阿爾卑斯，與木曾山脈、赤石山脈共同組成阿爾卑斯山脈。山脈主要部分全屬於中部山岳國立公園，最高峰是標高三一九〇公尺的奧穗高岳，僅次於富士山與北嶽的日本第三高山。立山連峰、黑部川源、上高地、大正池都在群山中。

山脈覆蓋原始山毛櫸林，高山植物豐富，每年十月，山毛櫸、花楸、楓樹、漆樹盛發，現今被指定為安生縣立自然公園。位於飛驒市河合町天生的天生峠，以神祕外貌吸引人們，這裡曾是浪漫作家泉鏡花的小說《高野聖》和東山魁夷的畫作《山雲》的創作舞臺。

當面對泉鏡花的思維介於夢幻與真實之間，寫作聖僧宗朝，在飛驒山林遭遇一場迷幻旅程的小說《高野聖》，翻譯作家吉田誠一形容：「飛驒難渡

鏑木清方畫展海報

出生一八七八的畫家
鏑木清方繪《高野聖》

電影《高野聖》海報

東京湯島天滿宮泉鏡花筆塚

地，藍天下雨，蛇和螞蟥棲息的山路。」意爲「飛驒之行，沿途艱辛困厄」。

以僧侶從事勸化、撿骨工作，行經飛驒山脈爲題材的《高野聖》，描述聖僧宗朝，翻越鄉野山脈，前往信州松本的路上，經過飛驒白山村，沿途遇見幾個怪人，歷經巨蛇、山蛭出沒，以及血池泥濘的考驗，最終順著馬蹄聲方向，走到山林深處一間與世隔絕的小屋。奇妙的是，荒煙蔓草之地，出現的荒蕪小屋，住著一位美豔不可方物的女子，以及智能遲緩、心靈卻清澈純真的愚鈍青年。

天色既晚，宗朝上前乞宿，女人應允，並陪同僧人到溪澗沐浴。「請褪盡衣衫清洗，我來幫您沖洗。」女子在溪邊褪下衣裳，替僧人擦拭身體；嬌柔的撫摸，讓僧人一時心神迷醉，行路疲累不堪的宗朝明知這是妄念，卻仍無意識，一步步讓靈魂淪落，掙扎不休。

是夜，宗朝感覺這戶人家，四周好似聚集無數鳥獸，不斷發出哀鳴，隨後又傳來女子呻吟聲，彷彿回應宗朝蠢動的心。宗朝回轉心念，心口專一唸出《陀羅尼經》，心神稍見平靜。翌日，宗朝謝過女子留宿之恩，繼續行程，腦子卻無法忘懷妖豔女子的模樣，妄想轉回和她再敘一番。

待要回頭，恰巧遇見先前在森林照過面的老頭，老先生告訴他，昨日賣掉的馬是來自富山的毒販，被女子的妖術變成馬，糾纏女子的那群鳥獸是被她玩弄過的男人的變形。宗朝乍聽，嚇出一身冷汗，落荒而逃的奔向村子去。

遊走陰陽的迷離旅程，夢幻般異想奇境的《高野聖》，情節高潮迭起，三島由紀夫讚譽泉鏡花爲絕世天才，芥川龍之介說：「鏡花先生之作，濃豔更勝巫山雲雨，壯烈更勝易水風寒。」

延伸地景

松本市：西有阿爾卑斯山脈，東有木曾谷，以及武士鼎盛期的傳統建築和倉庫。

立山：富山境內山脈，日本三大靈山、日本屋脊，渡假勝地，有雲上樂園之稱。

立山纜車：立山的電動纜車，經美女平、彌陀原、天狗平、立山主峰、大觀峰。

黑部峽谷：被立山連峰環繞的黑部峽谷，日本最大，山脈的大自然被完好保存。

黑部水庫：歷時七年、動用千萬人力，一九六三年建成的大壩，喻稱「世紀工程」。

金澤泉鏡花紀念館

寺院

泉鏡花以飛驒山脈爲背景寫下《高野聖》

泉鏡花父子雕像

飛驒山脈

加茂菖子《執炎》

合掌村

加茂菖子的小說《執炎》是一部描述太平洋戰爭期間，生活在白川鄉深山，一對戀人的悲愴故事；一九七八年二度改編電影《炎の舞》，由山口百惠和三浦友和主演。

小說描述，水產學校畢業的拓治，與住在白川鄉的平家後裔清乃相戀，兩人越過村落重重舊規阻礙，最終結爲夫妻。新婚後，戰爭爆發，拓治受召出征，恩愛的戀人慘遭戰事拆散。不久，拓治在戰役中身負重傷，生命垂危，被遣送回家。清乃悉心照料，拓治逐漸康復，二人相愛如昔。未及，軍令狀再次送抵拓治手中，是夜，清乃戴上愛藏的能面，心痛垂淚獻曲，爲拓治送行。

拓治第二次出征，清乃每天到村莊山頭，等待伊人歸來，由於過度勞累，積勞成疾，一病不起；與此同時，人在前線的拓治不幸陣亡，骨灰被灑在南方大海。消息傳來，淸乃不支昏迷，甦醒後見到佛龕上拓治的遺照，旋即咬牙剪下頭髮，供於佛龕。

戰記文學《平家物語》記載，一一八三年的源平之戰，北陸的俱利伽羅峠合戰，由平維盛和平行盛率領的平家軍，被木曾義仲精心設計的火牛陣夜襲擊潰，十萬餘騎僅剩二千。

據稱，這群殘存武士爲逃避源軍追殺，越過重巒疊嶂的山林，藏匿於現今岐阜縣大野郡白川鄉深山，就地採蘆葦草搭建簡陋房舍，方便隨時遷移；由於屋舍外貌猶如兩隻手掌斜斜合攏，故取名「合掌造家居」。數百年來，這些平家遺族過著與世無爭、自給自足的生活；直到一九三五年，經由德國學者布魯諾・陶德奇蹟似發現，揭露於世，保有日本傳統建築技術與聚落文化的合掌造，從此聲名大噪。

這座合掌造聚落，於一九九六年十二月九日以「白川鄉與五箇山的合掌造聚落」爲名，被聯合國教科文組織列爲世界文化遺產。與福島縣的大內宿、京都的美山町並稱「日本三大茅屋之里」。

合掌造聚落，是四面環山、水田縱橫、河川流經的寧靜山村，屬於飛驒地方。村落內，用茅草人字形木屋頂建造的合掌造民宅連成一片，以擁有一百一十四棟合掌造的荻町最壯觀，聚落主要分布在庄川東岸，溪水蜿蜒流過南北約一公里長的河岸谷地。

從山間吊橋走進荻町聚落，一幕「良田、美池、桑、竹之屬，阡陌交通，雞犬相聞」的面貌，一一浮現在摺疊幽影的山谷間，坐沉桃花源美麗的山風足音。倚在田間花叢裡，仰望錯落在谷地每一幢悠久的合掌造，屋前花叢、庭前水池、池面浮萍，以及滿園紛紅駭綠的波斯菊，猶如童話世界，真實的投射出優雅畫影。

延伸地景

飛驒高山市三筋町：高山市繁榮的上町，下町，三條街道連接起來的古町老街。

高山陣屋：城主金森氏別府，後為德川幕府直轄辦公地，現今保留稱「陣屋」。

飛驒之里：將合掌造建築等飛驒地區三十座古宅復原於此，堪稱是集落博物館。

高山祭屋臺會館：日本三大美祭之一「高山祭」，展示「飛驒之匠」精湛花車。

櫻山八幡宮：秋天的高山祭主辦神社，是國家重要無形民俗文化財，綺麗優雅。

電影《炎の舞》海報

平家後裔避難的白川鄉合掌村

白川鄉合掌村

白川鄉合掌村

白川鄉合掌村

白川鄉合掌村

夜間的合掌村

白川鄉合掌村

夜間點燈的合掌村

芥川龍之介《河童》

上高地

上高地，位於長野縣飛驒山脈南部梓川上游，屬松本市，過去是梓川被燒岳火山群白谷山噴發的岩漿截流的堰塞湖，土石堆積，形成從大正池到橫尾，長十公里，寬度一公里的平原，中部山嶽國立公園一部分，是攀登穗高岳和槍岳的基地，更是少見的中高海拔平坦地，名景河童橋是架在梓川上的吊橋，採木結構建造，是上高地特有地標，芥川龍之介於此獲得小說《河童》的靈感。

上高地位居落葉闊葉林帶與亞高山針葉林交界，山毛櫸、水楢、華東椴、韋氏冷杉、魚鱗雲杉等，植被豐富。如此蒼鬱的山脈景致，難怪成爲《河童》寫作舞臺。河童是日本民間傳說的妖怪，近似兩棲動物，面似虎，身上有鱗，狀如孩童。唐朝吳從政在《襄沔記》說道，「河童」是水獸名。文曰：

「污水中有物，如三四歲小兒，甲如鯪鯉，秋曝沙上，膝頭似虎掌爪，常沒水，名曰水虎。」

發表於一九二七年的《河童》，芥川藉水怪爲題材，以寓言形式寫出「沒有像故事的故事小說」主張的小說，又藉「河童國」提出人類生命成長的困惑，出生、社會、戀愛、結婚、人口、糧食、宗教、哲學、戰爭、甚至自殺，屬於烏托邦式的神奇小說。

故事發生在某年夏天，一位沒被賦予名字的二十三號男子，獨自前往松本市攀登穗高山，在上高地途中遇見河童，激烈追逐中，不慎跌落深黑的洞穴，醒來後，發現身處「河童國」。芥川描繪河童長相：「頭上有個碟子，常會做出青蛙跳躍姿勢，或爬到樹上看人，身體微透明，能隨環境改變顏色。」

在河童國，二十三號遇到替他療傷的醫生查克、漁夫柏格、資本家蓋爾、詩人托克、哲學家馬各、音樂家克拉巴、法官培伯，這些河童生活在與人類生活制度不同的國度。人類在河童國享有不用工作的特權，不少人就此長住，甚至與河童結婚。

來自虛擬烏托邦世界的河童國，只存在某一假象的空冥，芥川在《河

芥川龍之介手繪河童

長野縣飛驒山脈上高地

上高地

明仁天皇與皇妃美智子到訪居住的木屋

河童橋

前往河童橋

河童橋下梓川

河童橋

遠眺穗高山脈

童》創造一個看不到人性改變，不完美的烏托邦，說：「完美的烏托邦，始終無法實現，理由如下：假如人性沒變，就不可能產生完美的烏托邦，假如人性變了，你所認定的完美烏托邦，又覺得不是那麼完美無瑕。」

一九二七年七月，芥川在東京田端自宅服用安眠藥自殺前完成《河童》，意圖藉河童國的詩人托克之死，想像自己死後，對家族、死後榮譽、詩集出版，流露對醜陋世界絕望，復以輕生，斷然離開人世。猶如在《河童》創造一個看不到人性改變，不完美的烏托邦。

延伸地景

穗高神社：祭祀穗高見命。上高地名字由穗高見命降臨山岳而來，神降地之意。

梓川：面朝上游方向，河水清澈，可飽覽穗高岳與明神岳常年積雪的絕佳景色。

河童橋：周圍生長鑽天柳與落葉松，近上高地公車總站，鄰近有飯店、土產店。

燒岳：朝下游方向，有絕佳的燒岳賞景的視野，還可以見到徐徐冒煙的火山口。

惠那峽：惠那峽位於岐阜木曾川中流，明媚的奇石溪谷，列爲水壩湖百選之一。

松本清張《零的焦點》

兼六園

松本清張的推理小說《零的焦點》，記述一名廣告公司的員工鵜原憲一，新婚一週，便拋下妻子禎子消失在嚴寒的北陸。

妻子爲尋找丈夫，堅決前往失蹤地金澤覓尋蹤跡。丈夫怎麼了？何故失蹤？或是被迫失蹤？禎子依循他的足跡探訪，意外踏進他的禁忌區，相對帶來不斷的死亡事件。

她住進金澤一間旅館，旅館離車站不遠，從正後方可見金澤城。「金澤城對面那一帶就是兼六園。」陪同查訪的本多盡責地上二樓查看禎子的房間，指著窗外說道。這個人看起來好似有些無法冷靜。

房間有暖桌，禎子並不打算使用，她把緊閉的窗戶打開，在逐漸昏暗的暮色，只見金澤城瞭望臺的白色牆壁，輝映光芒，以及背後被松樹覆蓋的丘陵地。

兼六園入口

金澤城入口

金澤城

前田氏後花園兼六園

兼六園景色

腳狀如琴柱的徽軫燈籠爲代表物

兼六園佛像

兼六園景色

電影《ゼロの焦点》海報

「那就是兼六園？」禎子想起小學時在教科書看過多次的風景照。她並不討厭旅行，不過此時實在沒有逛兼六園的心情，她一心只想查明隱藏在狂暴翻騰的昏暗巨浪，隱晦的眞相到底怎樣？

小說所提金澤城，是石川縣金澤市的城堡，江戶時屬於加賀藩主前田氏居城。一五四六年，本願寺建造尾山御坊，成爲加賀一向一揆本願寺根據地。一五八〇年，織田信長家臣佐久間盛政攻陷尾山御坊，改稱金澤城，賤岳之戰後遭豐臣秀吉控制，改名尾山城，成爲豐臣秀吉政權下五大老前田利家居所。

兼六園是前田氏的後花園，以腳狀如琴柱的徽軫燈籠聞名，是代表性景物。五代藩主綱紀於現今三芳庵建造蓮池御亭，是兼六園起始，直到十二代藩主齊廣邀請白河樂翁爲該園命名，因兼六園具宋代李格菲所著《洛陽名園記》描述的「宏大、幽邃、人工、蒼古、水泉、眺望」六勝，樂翁便以意境命名「兼六園」。

占地十萬平方公尺，人工造景的迴遊林泉式園林，四季景色各有所勝，古典百間崛、石川門，一景一物，均爲佳構，一八七四年正式開放。園區植有五千株花木，小橋、飛瀑、石燈籠、水榭亭臺，映現花草林樹的四季風情。三月梅苑，紅白梅競相綻放，明媚的清雅給早春的兼六園帶來好景色。四月櫻花季，染井吉野、裡櫻、彼岸櫻四百株，還有幾株樹齡達三百年。

庭園深深兼六園，徽軫燈籠臺座高聳秋雲間，人在月見橋，凝視霞之池邊內橋亭，水波被漣漪推擠到彼岸的雪見橋、花見橋、雁行橋，一派悠然。櫻樹叢的「兼六園」，與水戶「偕樂園」、岡山「後樂園」並稱日本三大名園，是到金澤必訪勝景。

小說家鮎川哲也《死のある風景》，故事背景也以金澤爲舞臺。

延伸地景

㊊鏡花紀念館：金澤的尾張町，收藏出生金澤的泉鏡花著作、遺留的生活用品。

金澤二一世紀美術館：從兼六園走十分鐘可達，曾獲威尼斯建築雙年展金獅獎。

金澤城公園：前田家居城，白色屋頂瓦片，白色砂漿和平瓦砌成的牆壁，絕美。

金澤東茶屋街：東山區的東茶屋街和主計町茶屋街，保存茶屋建築，文化遺產。

作田金銀製箔：金澤的金箔著名，不少金箔製作體驗店，工藝文化的延伸發展。

川端康成《伊豆の踊子》

修善寺溫泉

拍攝過六次電影，五次電視劇的《伊豆の踊子》，描寫來自東京的高校生川島，利用上大學前的假期，前往伊豆旅行，在乍晴還雨的湯ケ島湯本館住宿，並觀賞藝伎的巡迴表演，藝伎薰子模樣討喜，受川島著迷，志願跟隨藝人翻山越嶺到天城山脈的村落表演，修善寺、湯ケ島、湯川橋、遊歷數天，川島從初識到後來的攀談、傾慕，進而對單純的薰子萌生愛意。

直到假期結束，川島準備從下田港乘船返回東京，薰子趕到碼頭送別，眼見船隻繞過山岬，漸行漸遠，她像一朵不甘心的蓓蕾，發出情傷的低聲嘆息。

這是一部悲情小說。從最初的邂逅到分離，愛情都未及開花就結束，叫人看了不忍。《伊豆の踊子》的故事跟櫻花一樣，花開鮮豔卻短暫，花期蓬勃而淒傷，這可也是一種愛情象徵？

電影《伊豆の踊子》海報

修善寺車站

《伊豆の踊子》復刻公共汽車

修善寺

小說提及的修善寺，又名修禪寺，位於伊豆半島中央，被天城山、巢雲山、達磨山環抱的丘陵地，寺院建於西元八〇七年，由中唐貞元年間渡海學儒習佛的空海和尚開基而得名，是寺院名，也是地名，聞名遠近的溫泉鄉，古來即爲文學家慕名所在。

修善寺收藏有平安時期的金銅製獨鈷杵、禪師畫像、佛像、歷代住持的書法，以及鎌倉幕府第二代將軍源賴家的墓地、馬具、陣旗、北条政子爲子祈冥福寄放的宋版放光般若經等古物。史載，鎌倉幕府大將軍源賴朝發覺弟弟源範賴有叛變異態，以不遜爲由，冷落擁有赫赫戰功的兄弟，藉故把他驅逐到伊豆，幽禁修善寺。源賴朝死後，兒子源賴家也因政爭，被剝奪將軍職位，從鎌倉流放幽禁到修善寺，不久，賴家遭北条氏的刺客暗殺，死後賜法名法華院殿金吾大禪閤，葬於修善寺後山。

位於桂川右岸，修善寺石階左側，豎立一座高大地標「弘法大師」，碑石上方的修善寺，庭園種植數棵百齡以上，狀如翦翦輕雲的松柏，倚坐蔭涼處聽群樹歌唱，人在寧靜中諦聽大地呼吸聲，隱含靜穆快意。寺院下方有一口著名的「獨鈷の湯」，又稱佛錐溫泉，據稱是空海和尚用佛錐敲打岩石，溫泉從石縫湧出而得名，也是修善寺溫泉的發祥地。

伊豆半島是《伊豆の踊子》的文學舞臺，因川端康成，因《伊豆の踊子》而聲名遠播，從修善寺前往小說名景天城山、天城隧道、湯ケ島、湯本館，能感受作家對伊豆人情和美景的喜好。

另外，常到下田港度假的小說家三島由紀夫，環遊歐洲返國後，依據一起發生在海邊的溺水事件，撰寫《盛夏之死》，地景即是下田海岸。

延伸地景

竹林小徑：獨鈷の湯右側，竹林尾端處，立有島木健作寫作《赤蛙》的地景碑。
湯本館：位於湯ケ島，古樸的和式溫泉旅館，川端康成《伊豆の踊子》寫作地。
西平橋：《伊豆の踊子》男女主角初戀地，有男橋、女橋，以及相會地等地景。
天城山：從水生地下登山，有川端石碑、天城隧道，《伊豆の踊子》著名地景。
虹之鄉樂園：夏目漱石養身住宿的菊屋旅館本館房間，移築到樂園日本庭園區。

獨鈷の湯

修善寺正殿

《伊豆の踊子》角色公仔

桂川竹林小徑

川端康成寫作《伊豆の踊子》的湯本館

萬城目學／鴨川荷爾摩／京都鴨川

谷崎潤一郎／瘋癲老人日記／京都南禪寺

村上春樹／神的孩子都在跳舞／神戶

Kinki Region

近畿地區文學地景

・滋賀・京都・大阪・兵庫

・奈良・三重・和歌山

信濃前司行長／平家物語／六波羅蜜寺

歡迎光臨陰陽屋／天野頌子／伏見稻荷神社

司馬遼太郎／義經／京都五條大橋

谷崎潤一郎／細雪／西宮夙川公園

萬城目學／豐城公主／大阪城

芥川龍之介《羅生門》

羅城門跡

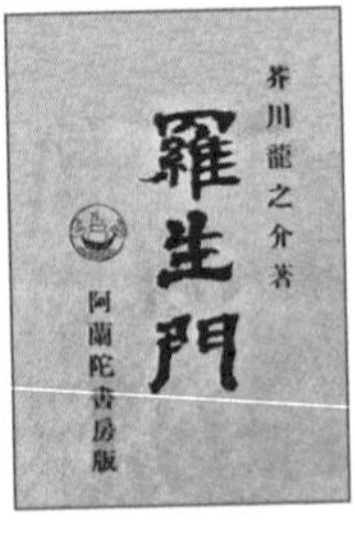

「羅生門」原意「京城門」，日文漢字中，係「羅城門」誤寫，日語「生」與「城」同音，江戶時代，人們將「城」訛成「生」，寫成「羅生門」；遺址在東寺附近的朱雀大路南端。東寺有座五重塔，初爲空海和尚建造，後由幕府德川家光重建，高五十五公尺，日本最大規模的古塔，京都的代表性建築。

桓武天皇遷都平安京，爲防怨靈，避開詛咒，以山川道澤方位令建東方鴨川的青龍門、西方山陰道的白虎門、南方巨椋池的朱雀門、北方船岡山的玄武門，取四神獸守護京城。而羅城門則位於東寺與西寺之間。

羅城門，平安京遷都之際建造的朱漆城樓正門，由於皇室衰頹，天災內亂頻仍，年久失修，九八〇年遭暴風雨侵襲倒塌，城門荒廢，徒然成爲凋落衰敗的破墟。平安京仿唐朝洛陽和長安建造爲棋盤狀城市，市中心的朱雀大路把京城分成兩邊，羅城門是位於朱雀大路最南端的城門，也是當代日本最大的城門，這座唐式飛檐朱柱三層的牌坊門樓，高約一八・五公尺。

如今，原址僅留「羅城門跡」立碑，供人緬懷。有關羅城門原貌，在舊稱《宇治大納言物語》的《今昔物語》卷二十九〈羅城門登上層見死人盜人語第十八〉，和芥川龍之介的小說《羅生門》有詳細描述。

古本《今昔物語集》描寫平安末期，一個被主公解僱，淪爲賤民的家將，傍晚時爬上羅城門，見一老嫗正在拔取城樓一具無名屍的長髮，準備編織成假髮變賣換錢。《今昔物語》所述情節，僅此而已。

芥川龍之介著墨社會現象，將故事續寫成賤民出面抓住老嫗，質問她褻瀆屍體的行爲，老嫗辯稱死人生前把蛇肉謊稱魚肉，擺賣維生，並認爲「自己也是爲了生存才拔取死人頭髮」。這位饑腸轆轆的賤民聽到這話，心中轉念，「大家都想求生存，不是嗎？」瞬間驟變強盜，打昏老嫗，剝去她身上可變賣的衣物，趁天黑逃離現場。

《羅生門》以羅城門爲小說舞臺，描寫充滿私慾人性、爲求生存、利己

黑澤明在電影中創造的羅生門

羅城門跡

電影《羅生門》海報

羅城門跡

羅城門跡說明牌

羅城門跡入口

太極殿遺址

朱雀門跡

鄰近羅城門跡的東寺

主義的醜陋行爲，卻又無法擺脫強弱並存的殘酷世界，作者爲文探究生活在困厄時局的現實人類，陷溺生存與倫常，眷眷無窮的糾葛，爲求活命不得不悖逆常道，惡癖盡現。文字生動，行文明快簡潔，寓意深長，屬於芥川探討亂世中貪婪人性的經典之作。

一九五〇年，由黑澤明拍攝，三船敏郎主演，榮膺一九五一年威尼斯電影節金獅獎，以及奧斯卡最佳外語片獎的《羅生門》，是根據芥川龍之介另一部小說《藪の中》改編，結合《羅生門》而成。

延伸地景

五重塔：爲古都象徵，國寶，以「古京都歷史遺跡」一部分列入世界文化遺產。

京都御所：上京區，紫宸殿和清涼殿、飛香舍等建築，平安時代皇室內院居所。

朱雀院跡：中京區壬生花井町，天皇退位後住所，桐壺帝和朱雀院都當御所用。

誠心院：中京區新京極通，和歌名人和泉式部出家爲尼所在，別名和泉式部寺。

河原院跡：下京區木屋町通五条東側，平安時代十二皇子源融住所，傳有幽靈。

夢枕獏《陰陽師》

晴明神社

陰陽師安倍晴明生於九二一年，卒於一〇〇五年。時當平安朝中期，世間仍是明闇未分，人、鬼、妖怪、魔物雜相共處，安倍晴明任職皇宮陰陽寮，負責守護平安京的異能靈術、使喚式神及施行咒術；通曉天文、地理、曆法、陰陽、五行、遁甲、方術，扮演陰陽兩界溝通者；史載，他是對當時處在科學與咒術先端的「天文道」，和以占卜爲主的「陰陽道」技術有著卓越知識的專家，也是受貴族信賴的陰陽師，位居宮廷重要角色。

據傳，安倍晴明年少時，某夜，隨師父賀茂忠行外出下京，發現前方有怪異陰靈，卽向師父稟報所見，忠行見晴明內蘊靈氣，便將平生所學的陰陽術悉數傳授。

安倍晴明是從鎌倉到明治時代，統轄陰陽寮的土御門家的始祖。晴明神

晴明井

2001年電影《陰陽師》海報

晴明神社鳥居

晴明神社

晴明神社正殿

安倍晴明墓地在嵐山

一条戻橋

安倍晴明墓地

晴明神社代表花桔梗花

社是舊居，也是他作爲天文學與陰陽師的場域。過世後，葬於京都嵯峨嵐山渡月橋角倉町巷內。一条天皇鑒於他在陰陽學的豐功偉績，以及身爲稻荷大神轉世的地位，於一〇〇七年修建舊居爲神社，供奉其靈。

位於上京區堀川通一条的晴明神社，傳說是「渡邊綱斬鬼」所在，也是安倍晴明把使喚的鬼神「式神」藏在一条戻橋附近。每年舉行歲旦祭、節分星祭、除火災祈願祭、晴明祭、神倖祭、嵯峨墓所祭。《源氏物語》第九帖〈葵〉提到，神社前的一条道曾是新齋院禊事時，葵夫人和六条息御所發生爭車道的地方，「六条夫人的車被擠到左大臣府侍女們的車後，什麼也看不到。女主人內心的氣憤自不消說，而今便服微行都被別人察知，更教她如何能不銜恨？」爲了一場看熱鬧活動，種下兩位夫人的心結。

從一条大道穿過五芒星鳥居進入，左側橋旁的式神石像映入眼簾，一条戻橋是安倍晴明封藏式神之處，神社右後方有座晴明井，據稱這口井湧現的水爲名泉之一，具有療病功效；立春時，神職人員會旋轉水井，讓井口朝向每年風水最好的方位，據稱茶道名人千利休便曾使用晴明井水泡茶。本堂右側，銅鑄的厄除桃，順時鐘方向撫摸，可消災解厄。

後世，他的生平事跡被神祕化，孕育出許多傳說，夢枕獏的小說《陰陽師》、岡野玲子的漫畫《陰陽師》、瀧田洋二郎的電影《陰陽師》、動畫卡通《阿倍野橋魔法商店街》、遊戲《久遠之絆》等，都取材自安倍晴明的陰陽師事蹟。

出生神奈川小田原的夢枕獏，以《陰陽師》的習俗，傳達平安時代的陰陽學現象，且把安倍晴明塑造成喜愛戲謔人間的個性，使每一章節都發揮生動有趣、令人著迷的寓意。

延伸地景

廬山寺：紫式部曾祖父藤原兼輔宅邸，她於此成長、結婚，執筆《源氏物語》。
紫式部墓所：京都北區紫野西御所田町，島津製作所旁，和小野篁的墓塚並排。
安倍晴明墓所：嵐山渡月橋大堰川角倉町巷內，長慶天皇陵旁。墓碑有五芒星。
西陣織會館：上京區堀川通，和服布料博物館，販售和服及其他紡織品的商行。
元離宮二条城：中京區二条城町，華麗建築，幕末大政奉還舞臺，列世界遺產。

信濃前司行長《平家物語》

八坂神社

位於京都東山區的八坂神社，建於六五六年，舊社格爲官幣大社，是全國三千多座八坂神社的總本社，原稱「祇園神社」、「祇園社」、「祇園感神院」，一八六八年神佛分離令後，正名「八坂神社」，主祭素戔嗚尊、櫛稻田姬命和八柱御子神。每年夏季舉行名震遐邇的祇園祭，被列爲京都最重要祭典之一，與大阪天神祭、東京神田祭，並稱「日本三大祭」。

川端康成的小說《古都》，遭命運無情安排，分散多年的孿生姊妹，即在熱鬧的祇園祭典儀式中巧遇，「千重子無意間在祇園祭的祈禱禮佛過程遇見苗子，苗子首先相認，說出兩個人的家世背景。原來她們是孿生姊妹。」

祇園祭從每年七月一日的納吉符開始，一直延續到廿九日神事奉告祭爲止，歷時一個月；祭典最高潮爲十七日舉行的山鉾巡行，總計有卅二輛色彩豔

祇園祭

八坂神社

祇園祭儀式

圓山公園與清水寺之間的八坂之塔法觀寺

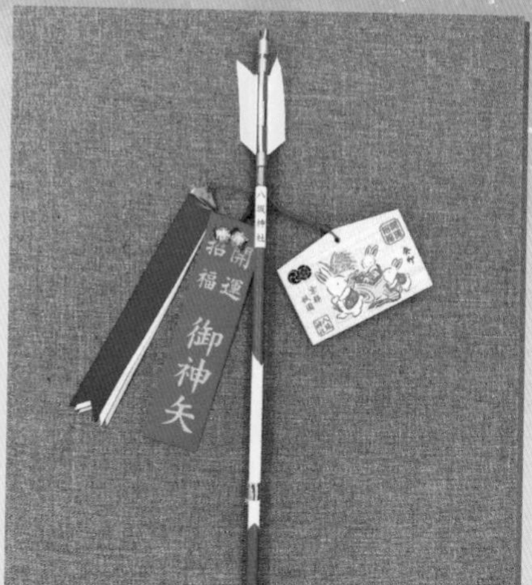

祇園祭「緣起物」御神矢，又稱「破魔矢」

麗的巨型山鉾隊伍，熱鬧登場，每座山鉾高約廿五公尺，重達十二公噸，兩層結構，頂端插有長槍式的高竿，花車上繫有紡織物、印染品、雕刻等精美工藝品裝飾，譬喻爲「移動的美術館」。

莊重而繁瑣的祭典儀式進行後，信衆會在裝飾豪華的彩車上，用笛子、鑼鼓和大鼓演奏祇園祭樂曲，大隊人馬簇擁彩車通過四条大道，一時間，整條街道擠滿人潮，場面浩蕩，好不熱鬧；這項活動俗稱花車遊行，遊行隊伍的場面壯觀盛大，每年吸引近百萬國內外的觀光人潮。祭典期間，八坂神社的能劇舞臺還能看到素戔嗚尊砍大蛇的戲碼。

過去，祇園社的主要功能在於驅逐瘟疫、消災解厄，是祈福祝安的神社，爲除災而祭拜牛頭天王護祐，因此香火鼎盛，信衆大都爲鄰近店家，納奉燈籠以求生意興隆。

《平家物語》記載，一一四七年，爲祈願平家一門興盛的平清盛，與同夥武將去到祇園社參拜，無意間與寺院僧人爭吵，負氣鬥狠的平清盛還對著神轎射箭，引發祇園社總本山延曆寺僧衆的憤怒，進而引起「祇園鬥亂事件」。武裝的僧兵抬起神輿要求朝廷處以平清盛及其父平忠盛流放之罪。鳥羽法皇召集大臣開會商議，左大臣藤原賴長主張把膽敢對神輿射箭，大逆不道的平清盛處以流放之重刑，信西法師則提出反對意見，結果，鳥羽法皇判定赦免平忠盛和平清盛流放。

發生平家一門鬥亂事件的祇園社，以祇園造建築的本殿聞名之外，平家爲法皇獻舞的舞殿，以及平清盛爲思念父親平忠盛設置的「忠盛石燈籠」，都保存在神社內，鄰近神社廣場則是京都春季最著名的賞櫻勝地圓山公園。

延伸地景

圓山公園：京都最古老公園，爲國之名勝，植有近千棵櫻花樹，前有八坂神社。

漢字博物館：八坂神社旁，「打造面向世界廣泛宣傳日本漢字文化設施」爲主。

知恩院：淨土宗鎮西派總本山，山號「華頂山」，名著《美麗與哀愁》的地景。

花見小路：保留京都古風貌的花街。近八坂神社，聚集藝伎、舞伎的歡娛場所。

建仁寺：臨濟宗建仁寺派大本山，山號「東山」，鎌倉幕府二代將軍源賴家建。

圓山公園的坂本龍馬與中岡慎太郎雕像

平清盛爲父親平忠盛設置的「忠盛燈籠」

八坂神社正殿

祭神舞殿

三島由紀夫《金閣寺》

鹿苑寺

位於京都洛西北區的鹿苑寺，原是鎌倉時代西園寺家族的宅邸，藤原公經建造，榮華一時，歷經多代，因缺乏管理而傾圮。一三九四年征夷大將軍足利義滿大興土木，改「北山第」爲「北山殿」，主建築「舍利殿」作爲修禪場所，並將外牆飾以金箔，美其名「金閣殿」。一四〇八年，足利義滿圓寂，子嗣足利義持以義滿法號「鹿苑院」命名「鹿苑寺」，山號「北山」。實則，金閣寺是足利義滿主政下，以野心慾望促成父子愛恨情仇堆疊怨念，留給後人一幢交錯喧囂卻華麗的建築。

鹿苑寺緊鄰鏡湖池，一樓是藤原時代公卿貴族居住的「寢殿造」，置有寶冠如來與足利義滿木雕像，稱「法水院」；二樓是武士居住的「武家造」，置有岩屋觀音與四天王像，稱「潮音洞」；三樓是唐風的「禪宗佛殿造」，置有釋尊的佛舍利，稱「究竟頂」。寺頂爲寶塔結構，頂端飾有象徵吉祥的金鳳凰。一九九四年，以「古京都的歷史遺跡」一部分，被聯合國教科文組織列爲世界重要文化遺產。

一九五〇年七月二日晚間，就讀京都大谷大學，一九二九年出生舞鶴市成尾的韓裔見習僧人林養憲，在鹿苑寺引火自焚，鹿苑寺燒燬殆盡，供奉殿中的足利義滿雕像化成灰燼，震驚全國；直至一九五五年，依原樣重建，使之成爲今日模樣。

火焚金閣，燒出重大新聞後的一九五六年，三島由紀夫以此事件爲題，寫作《金閣寺》。一九六二年，水上勉以同樣題材寫出《五番町夕霧樓》，以及一九七九年出版的《金閣炎上》。

三島由紀夫的《金閣寺》，以虛妄美學，把原本只是新聞的「鹿苑寺縱火案」，投射成「永恆的頹廢之美」的文學，火燒金閣出現在小說，作者讓自己的眼睛「變成金閣的眼睛」，藉由僧人傳達「金閣確是世上最美」的幻覺。

再來，少時曾在瑞春院、等持院當過和尚的水上勉，在《五番町夕霧樓》寫下名叫夕子的女子，爲家計到京都當名妓，染患肺病，青梅竹馬的愛人櫟田正順前往醫院探望。當時，正與長老鬧不合的正順，氣怒下離去，用一把火燒掉鳳閣寺的金閣，在病牀得知消息的夕子，想起家鄉的百日紅。幾天後，在一棵豔麗的百日紅樹下，發現夕子自盡。

另一部《金閣炎上》，水上勉說，在舞鶴當教師時見過林養憲，但初稿表明故事是虛構的。他在書中記述出生舞鶴下村禪宗寺，罪犯的歷程，被認爲是清楚事件背景的重要史料。

到鹿苑寺，易於感染「金閣是現象界虛幻無常的象徵」，不禁感受「金閣的上空好像在撒金砂子」。

延伸地景

鏡湖池：金閣寺立其中，佛經預言的七寶蓮池，池中用各式奇岩象徵九山八海。

夕佳亭：金閣寺茶室用途的建物，以一根不規則天然木做成「南天床柱」出名。

湫清亭：蓮花塘的水注入鏡湖池，形成小瀑布，周圍柵欄圍繞，有燕子花叢生。

白蛇塚：龍門瀑布後方，不會乾涸的池中島，建有西園寺家守護神「白蛇塚」。

陸舟之松：足利義滿親手種植，狀如揚帆舟船的松盆栽，樹齡已踰越七百多年。

1958年電影《炎上》海報

金閣寺模型

金閣寺爲世界文化遺產

金閣寺

夕佳亭

陸舟の松

火燒金閣寺

足利義滿洗手用的巖下水

雪金閣

森鷗外《高瀨舟》

高瀨川

高瀨川位於京都中京區木屋町通，由出生嵯峨嵐山的富商角倉了以，於一六一一年開鑿建造的運河，源頭鴨川，運河流到木屋町通二条大橋後開始分流，形成鴨川支流，並與鴨川平行向南緩流，在中京、下京、南區陶化橋附近再度注入鴨川，於東山區福稻形成分流，流經伏見區，最後注入宇治川。

高瀨川全長十公里，寬七公尺，是江戶時代京都到伏見繁忙的水運，河道設有九座裝卸貨物的碼頭，高瀨川源頭的木屋町通稱「一之船入」，列爲國家歷史遺跡。小說家森鷗外在《高瀨舟》一書所述，載運囚犯行駛於高瀨川的木舟，其起點位處於此；現今高瀨川河面不比當年寬闊，運河起點設置一艘木舟，滿載酒樽，象徵古往今來高瀨川運河的榮景盛況。

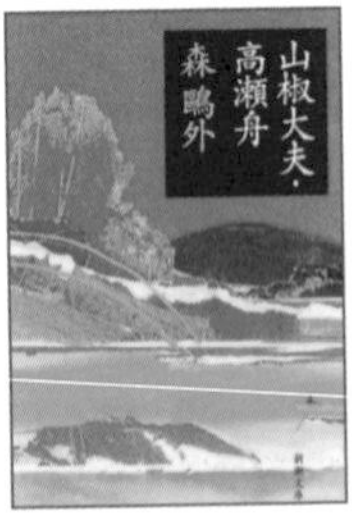

位於河原町通後方的高瀨川，沿岸民宅依舊，櫻樹夾岸，留下古樸樣

貌。德川幕末，坂本龍馬和各藩人馬經常出沒京都，志士住所和各藩邸址，大都集中在木屋町一帶。如今，矗立在木屋町周邊，除了角倉了以別邸跡碑，顯彰碑，幕末志士曾經的宅邸都以石碑注記：桂小五郎和愛人幾松寓居跡碑、佐久間象山寓居跡、池田屋跡碑、坂本龍馬寓居跡碑、彥根藩邸跡碑、土佐藩邸跡碑、坂本龍馬與中岡愼太郎遭難碑、本間精一郎遭難碑、中岡愼太郎寓居跡碑、古高俊太郎邸跡碑、長州藩邸跡、木戶孝允舊跡、近江屋跡、桂小五郎雕像等。

森鷗外的短篇小說《高瀨舟》，取材自古代來往行駛於高瀨川，遣送囚犯到囚牢的「高瀨舟」爲藍本，描述囚舟經過高瀨川，再橫越加茂川往東漂行，被囚禁在船上的罪犯，得以跟親友通宵達旦傾訴往事或犯罪經過。

小說載記罪犯喜助在囚船講述個人的過往經歷：父母雙亡，自小與弟弟相依爲命，外出打工賺錢，弟弟罹病喪失勞動能力，僅靠喜助微薄的收入過活，難以減輕負擔，遂而自刎，不成，便懇求喜助協助結束生命，因而遭判刑流放，喜助甚至認爲當一名囚犯的境遇，比原來的生活還要優渥許多，因此不以爲意。

一之船入小碼頭

高瀨川

高瀨川

載酒小舟的裝置藝術

坂本龍馬寓居之地

幕末志士桂小五郎

加賀藩邸遺跡

池田屋騷動之地

陸角倉了以顯彰碑

解差聽完喜助的陳述，不禁懷疑：「這能算殺人嗎？」心生慨嘆：「同情是一種愛，這種愛使人對他人的幸福感到快樂，對他人的不幸感到痛苦。」

從這個事件爲出發點，作者進而深入揭示封建幕府時期，社會底層人民的生活慘狀，寫出歷史與現實的矛盾衝突。作者宣稱這種寫作方式是「脫離歷史」的歷史小說，但史實確實存在，莫非是一種歷史現象的報導，意圖呈現唯美的悲劇眞相。

延伸地景

鴨川：京都淀川水系一級河川。三条大橋和四条大橋之間，夏季納涼觀光勝地。

木屋町通：二条至五条的高瀨川東側，河岸盛開櫻花在河面形成綺麗櫻花隧道。

坂本龍馬與中岡愼太郎遭難碑：龍馬遭暗殺的近江屋跡，位於中京區奈良屋町。

五条大橋：武藏坊弁慶在大橋進行「刀狩」，巧遇源義經成忠臣，橋旁立雕像。

河原町：位於四条，聚集新京極通、寺町通、錦市場，觀光客到京都必訪購物。

司馬遼太郎《龍馬行》

伏見寺田屋

司馬遼太郎在《龍馬行》記述坂本龍馬短暫而精采的一生，龍馬個性灑脫、隨興、重義氣，「不管世人如何看我，怎麼說我，我只說自己想說的話，做自己想做的事。」雖然「武力」不強，卻是道地具有「武士道」精神的人，西南戰爭首領西鄉隆盛讚譽：「天下有志之士，他大量地與之結交；龍馬的度量大，氣度非凡。」

關於發生在伏見的「寺田屋の變」，作者描述：一八六六年三月九日凌晨二時，龍馬促成薩長同盟回京都，下榻寺田屋，和同行的長州藩士三吉慎藏被伏見奉行林忠交麾下三十名巡捕包圍；彼時，正在浴間的寺田屋主人的養女楢崎龍，發現屋外有異狀，未及著裝，抓了條布巾遮掩，匆忙上樓告知眾人，龍馬驚覺寺田屋確定遭奉行所人馬包圍。

NHK大河劇《龍馬傳》海報

幕末志士常聚伏見

金濠川畔龍馬與楢崎龍夫婦雕像

濠川

龍馬街商店

龍馬街道

寺田屋

「寺田屋の變」所在地

寺田屋旁的龍馬雕像

當巡捕進屋接觸龍馬，高嗆：「這是肥後守的命令！」龍馬謊稱：「我是薩摩藩士！」巡捕不信，龍馬隨卽取出高杉晉作給的左輪手槍，與三吉愼藏一起防衛，擊斃兩名巡捕，衝突過程，他拿槍的手被巡捕的刀砍傷，大拇指溢血不止，無法裝彈，三吉愼藏單槍作戰，場面混亂，楢崎龍乘機躲進後門的醃菜缸。三吉愼藏見狀不妙，打算切腹自盡，遭龍馬阻止，請求他去薩摩藩邸求援。不久，薩摩藩邸的留守居役大山彥八帶領三名藩士乘船援助，龍馬得以脫離險境。

龍馬在薩摩藩邸養傷，得到楢崎龍照顧，心存感激，兩人結緣更深；「寺田屋の變」促成他和楢崎龍關係更親密，卻導致日後新撰組連串腥風血雨的暗殺行動。

一八六七年十一月十五日，龍馬卅二歲生日，在四条近江屋二樓和中岡愼太郎謀事時慘遭暗算，生歿同日，以悲劇英雄收場，死後和愼太郎葬於京都圓山公園的靈山護國神社。

如今，列爲龍馬宿驛的寺田屋，在鳥羽伏見之戰遭祝融燒毀，重建後，存留街衖，爲幕末慘烈的歷史，留下傳說。龍馬當時居住的「梅の間」，仍留有「寺田屋の變」的彈痕與刀痕。但日本新聞卻說「它是僞裝的觀光景點」。

伏見以水運之鄉、酒窖之鄉發展而繁榮，是幕府末期，志士出入頻繁的重鎮。

寺田屋鄰近宇治川支流濠川，沿岸散步十分鐘可達小碼頭；當年，濠川流向大阪、宇治，有船隻來往運送伏見釀製的酒類與米糧；現今所見行駛濠川的觀光船「十石舟」，仿古船複製建造，船在飄逸柳蔭的水面緩行，可眺望酒窖倉庫。安土桃山時代以來，伏見便以日本屈指可數的造酒著稱，水色酒香，加上擁有幕末歷史場景，成就爲具特色的觀光地景。

延伸地景

龍馬通商店街：寺田屋旁的「龍馬通」，販賣多種新選組和坂本龍馬相關商品。

十石舟：航行於水運之鄉，載運伏見生產的日本酒，通往全國各地，現爲客船。

龍馬與楢崎龍雕像：緣分讓兩人在伏見相遇、相識而結合。雕像位濠川運河旁。

月桂冠大倉紀念館：了解日本酒文化，體會推動當地釀酒業發展的月桂冠精神。

伏見稻荷大社：各地三萬所稻荷神社總本社，以境內擁有的「千本鳥居」聞名。

大佛次郎《鞍馬天狗》

鞍馬山鞍馬寺

鞍馬山以作爲靈山和密教的山嶽修練場而昌盛，以傳說天狗出沒而聞名。

七七〇年，僧人鑑眞的高徒鑑禎在鞍馬山腰開基創建以毗沙門天王、千手觀世音菩薩、護法魔王尊三身一體爲正尊的鞍馬寺。與比叡山相對而立的鞍馬山，因《平家物語》源義經年少於此修行、練武，以及大佛次郎名著《鞍馬天狗》而流傳後世。鞍馬山還設有義經堂供膜拜。

春日賞櫻、深秋賞楓，是鞍馬山無邊綺麗的景色；鞍馬寺因收藏木造毘沙門天立像、吉祥天立像、善膩師童子立像、經塚遺物一括等國寶，以及聖觀音立像、兜跋毘沙門天立像、黑漆劍、無銘劍、天狗雕像等文物而成聖地。

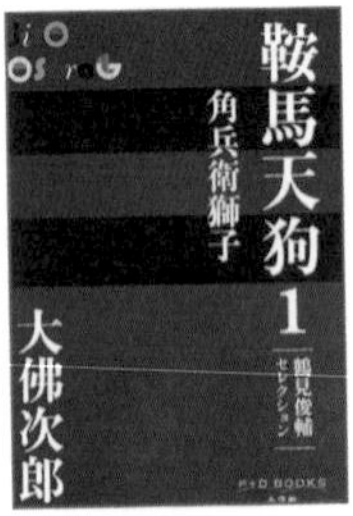

天狗是日本廣爲人知的妖怪之一。最早記載在《日本書紀》：寺院僧人

電影《鞍馬天狗》海報

鞍馬車站的天狗像

鞍馬寺

鞍馬車站前的天狗雕像

某日無意間聽到天空傳來奇怪聲音，接著出現一團黑影掠過頭頂，彷彿夜空閃逝的流星；記述者將飛物以「天狗」譬喻。另外，平安時代《今昔物語集》記載，天狗會幻化成佛、僧、聖人的形象，或附在人身上。

多數日本人的印象，天狗長有一隻直挺、圓滾的紅鼻子，體型碩大，好似長鼻猿，手持團扇，能在天空飛翔，尖銳的嘴巴會攻擊人類。古代日本人稱天狗爲「鴉天狗」。宮崎駿的動畫《神隱少女》，湯婆婆和錢婆婆這對孿生姊妹的造型，靈感源自鴉天狗。傳說天狗會把迷失在森林的小孩騙走，所以古代稱被拐走的小孩叫「神隱」，顧名思義就是被神藏起來。

天狗還有一說。一三七五年，沿襲宋代李昉等人編著《太平廣記》撰寫的《太平記》，記載京都上京區祭祀崇德天皇的白峰神社，其祭祀者崇德天皇在保元之亂敗北流亡，逃到讚岐香川含恨而死，怨靈變天狗，作亂人間；當代人認爲，天狗的首領就是崇德天皇的化身，從此，天狗成爲怨靈的說法形成。

民間認爲天狗身上長有翅膀，穿著武將盔甲，腰際配戴武士刀，手持羽扇，攜帶蓑衣，方便隨時隱身；其大紅圓滾的長鼻子，象徵傲慢，雙腳穿著高厚木屐，上天遁地無所不能。

大佛次郎的《鞍馬天狗》，其背景為幕末新選組。主角宗房扮演行俠仗義的「蒙面天狗」俠士，顛覆日本人想像的天狗模樣，小說描繪：蒙面劍客正要離去，白菊姬求問恩人大名，劍客冷冷回答：「鞍馬天狗。」這時的白菊姬一臉困惑望著劍客瀟灑離去。

後來陸續出版的書刊，以及以《鞍馬天狗》為名的漫畫和電影紛紛出現，大佛次郎的名字與鞍馬天狗緊密連結，成為當代日本文壇和影壇不可思議的話題。

延伸地景

㊟鞍馬車站：鞍馬車站大天狗，鞍馬山主要地標，站體內亦裝飾有不少天狗面具。

貴船神社：距鞍馬寺西門不遠，日本繪馬發祥地，鴨川源頭，有和泉式部歌碑。

川床麵：貴船神社是日本貴族避暑勝地，夏天必要去體驗貴船特有川床流水麵。

繪馬：京都人祈求降雨祭黑馬、晴天祭白馬，後來改木板繪馬。起源貴船神社。

水籤：貴船神社的詩籤採用特殊水占卜，把籤詩紙浸到水中，會慢慢浮現籤文。

鞍馬山

鞍馬山的魔王之碑

鞍馬寺奧之院魔王殿

傳說義經一六歲離開鞍馬山，
因不捨而與石頭比高，稱「背比べ石」

義經供養塔

紫式部《源氏物語》

宇治平等院

平等院位於宇治川西岸，一〇五二年創建。時當平安王朝末期，統治者藤原賴通把權傾一時的父親，關白藤原道長的別莊改爲寺院，易名「宇治殿」，藤原賴通篤信佛教，取佛祖待衆生平等之意，供奉阿彌陀佛，又改宇治殿爲平等院；規模占今日宇治市一半面積。

別稱「鳳凰堂」的平等院，爲呼應平安貴族追求極樂淨土的信仰，設置三間阿彌陀堂，以中堂供奉莊嚴的阿彌陀如來像爲中心，左右建有翼廊、尾廊、隅廊，層層飛簷，向天伸展，脊沿置放兩隻金銅製鳳凰，展翅高飛，彰顯脫凡出聖氣派。

嵌掛堂內，圍繞阿彌陀如來像五十一座姿態各異的飛天「雲中供養菩薩」，或坐或立，或纏捲飄逸衣帶飛天而去，或乘坐彩雲吹奏樂器，或拈花微笑、頷首凝目，或合掌沉思，表情圓融和諧、線條彎順柔軟，見後心情寬舒。日本美術至寶。

聯合國教科文組織列爲世界文化遺產的平等院，曾遭內戰蹂躪，大都建築焚毀，僅保存鳳凰堂、觀音堂和鐘樓，鳳凰堂被指定爲國寶級文物財。以阿宇池爲中心的庭園，圍繞銀白細沙與卵石，借景宇治川與對岸山巒，傳達西方極樂淨土的安詳，這一座平安時代典型的庭園，影響後世寺院造景技藝。

平等院的原型與《源氏物語》相關。平安時代初期，嵯峨天皇把第十二位皇子降格爲臣籍，賜姓源，名融，即是《源氏物語》主角光源氏，出任左大臣，在宇治興建私人別莊，傳說是平等院前身。《源氏物語》最末篇章〈宇治十帖〉場景即在平等院。作者描述光源氏的兒子夕霧在此建山莊，造成浮舟、薰君、匂宮三人橫刀奪愛，導致浮舟跳河尋死的悲戚故事。

宇治川源自琵琶湖唯一出流的淀川，清澈水質川流兩岸綠樹，環繞宇治成自然天成的風光，亙古即爲京都洛南名勝。從宇治川東岸朝霧橋到西岸，有座蒼松並木的「中の島公園」，公園矗立一塊「宇治川先陣の碑」，示意《平家物語》木曾義仲「宇治川合戰」事蹟。

一一八四年，源義經受命源賴朝前往宇治，討伐木曾義仲，時値兩軍在宇治川對峙，殺出天地一片昏暗，義仲冒著竹箭如雨的射擊，統領四名大將勇渡宇治川，爭奪「宇治川の先陣争い」，正要越過湍急河流，無奈成爲被攻擊對象，原本士氣高昂的大軍，紛紛中箭墜河，粉碎義仲自以爲強勢的攻擊能力。

宇治川是平安時代渡河點，擔負連接奈良和京都主要水路，位居交通要衝，河岸有名列世界文化遺產的平等院、日本最早神社建築的宇治上神社等。

延伸地景

宇治橋：橋畔立紫式部雕像，河岸植兩千株櫻樹，每年四月擧行宇治川櫻花祭。

源氏物語博物館：重現平安王朝美輪美奐的歷史場景，體驗〈宇治十帖〉情節。

宇治上神社：歷史久遠，蒼鬱的本殿和拜殿已成日本國寶，列爲世界文化遺產。

朝霧橋：典雅造型的橋身，橋頭建有浮舟和匂宮在宇治川泛舟，經典畫面雕像。

宇治十帖：夢浮橋、蜻蛉、浮舟、東屋、宿木、早蕨、總角、椎本、橋姬地景。

宇治橋畔的紫式部雕像

〈宇治十帖〉浮舟與匂宮雕像

源氏物語博物館

博物館展示光源氏事蹟

平等院

宇治平等院

平等院鐘樓

平等院

平等院金鳳凰

川端康成《古都》

嵐山

川端康成榮膺諾貝爾文學獎之作《古都》，藉由一對失散多年的孿生姐妹的離合、男女愛戀、媒妁婚姻，展露日本傳統文化中，物哀、風雅、幽玄的獨特美學。

小說描述佐田太吉郎與佐野阿繁在京都經營和服批發，左鄰右舍私下都清楚，千重子是夫妻倆認養的女嬰。二十歲的千重子，在八坂神社的祇園祭，遇到長相極其相似的苗子，孿生姊妹相會後，知道苗子住在北山杉村，替人清洗杉木維生，千重子和苗子相似的外貌把手織機店「大友」的長男大野秀男弄糊塗。秀男是傳統編織工，也是千重子的追求者，由於地位懸殊，秀男不敢輕率向千重子表達愛意，轉而追求苗子，但被苗子婉拒。

後來，千重子按照傳統媒妁之言相親，招贅同業大店「水木商店」的長

子水木龍助，期望借用龍助的商業經營能力，扶持太吉郎夫婦早已經營不善的和服生意。

川端在《古都》以優雅文筆，傳述京都的自然和文化美學。作者讓讀者追隨千重子和苗子相遇後的感情交流，走遍京都名勝：平安神宮櫻花、清水寺、嵯峨嵐山的竹林、野宮神社、北山杉林、青蓮院、盛大的祇園祭、時代祭、伐竹祭、鞍馬山的大字篝火……小說好似一幅京都民俗畫卷，使讀者從中領受日本傳統文化之美。

京都是日本傳統文化薈萃地，小說以嵐山為舞臺，千重子的父親在嵯峨山中閉關不出門，她時常到森嘉豆腐店爲他購買豆腐料理；這家販售豆製品，炸油豆腐、豆皮等的豆腐店，僅售外賣。

位於京都西邊的嵐山，平安時代以來，即是王公貴族、文人雅士出遊到訪的首選，嵐山地區以橫跨大堰川的渡月橋爲中心，橋的另一邊現稱嵐山公園的「中の島公園」，白砂鋪地，河畔幾張石椅，是情侶約會談心好所在。

渡月橋在平安朝已存在，八三六年，弘法大師的弟子道昌法師在現今渡月橋上游搭建一座「法輪寺橋」，漆上象徵平安王朝的朱紅色，是渡月橋前

1980年電影《古都》海報

嵐山「嵐電」

大本山天龍寺

嵐山櫻景

竹林小徑

野宮神社

夏季渡月橋

春日渡月橋

嵐山一景

身；外觀爲復古木橋造型的護欄，內部爲鋼筋混泥土構造，全長二五〇公尺，人車行走其上的古橋，橋下發源自丹波山的桂川河段，稱大堰川。

據傳，鎌倉時代某夜，龜山上皇在天龍寺庭園見到天上的月兒好似要渡橋而過的景象，隨卽興起吟詩雅趣，脫口詠朗出「似滿月過橋般」的詩句，故名「渡月橋」。

龜山上皇詠詩的天龍寺是京都賞櫻名所，京都五山排名第一的寺院，更是世界文化遺產，庭園曹源池由夢窗國師設計，白砂、綠松及沙洲型水灘等，禪味十足，值得一遊。

延伸地景

嵯峨嵐山文華館：以名著《百人一首》爲主題的展覽館，傳達了古書籍的魅力。

野宮神社：竹林小徑旁。皇室未婚宮女前往伊勢神宮致祭前，齋戒淨身的神社。

天龍寺：由開山住持夢窗疎石造景的庭園曹源池，被指定爲國家史蹟特別名勝。

渡月橋：王公貴族和文人雅士喜歡出遊到訪地，復古木橋造型當護欄的渡月橋。

龜山公園：從竹林小徑通往龜山公園，可以眺望嵐山與保津峽，美景盡收眼底。

島田荘司《羽衣傳說的回憶》

宮津天橋立

推理小說家島田莊司以警探吉敷竹史查案的系列旅情作品《羽衣傳說的回憶》，其靈感或源自綿延三公里青松的天橋立，或民間流傳的「羽衣傳說」。

「羽衣傳說」最早流傳在靜岡駿河灣的三保松原，三萬株茂盛的青松沿七公里海岸生長，三保半島的御穗神社，直到今日，仍保存傳說中，仙女的羽衣碎片。

「羽衣傳說」描繪，天上仙女因醉心三保松原的青松美景，下凡人間，將脫下的羽衣掛松枝，回不了天上的寓言故事。神社旁超過三百年歷史的「羽衣之松」，便是仙女吊掛羽衣的地方。

深受讀者喜愛的《羽衣傳說的回憶》，是島田莊司以天橋立為背景的推

天橋立譽稱「日本三景」之一

前往天橋立松林前的智恩寺

小天橋又稱迴旋橋，開合供船隻行駛

与謝野寬和与謝野晶子歌碑

天橋立松林步道海岸

松林步道

傘松公園倒看天橋立是爲一絕

搭纜車上傘松公園

傘松公園遠眺天橋立

理作品，小說敘述，在天橋立南端迴旋橋附近的一間畫廊，警探吉敷竹史看到稱名「羽衣傳說」的雕金品，直覺反應作者是多年前分手的妻子通子。爲了再見通子一面，吉敷前往品名指向的靜岡三保松原，仍找不著通子。

吉敷因通子爲救一隻狗而遭車撞的事相識，之後結婚，六年後分開，吉敷回憶和通子相處的時光，察覺她喜歡的羽衣傳說與現實不相尋常：羽衣傳說不能結合的凡人與仙女，和自己與通子的狀況相似，吉敷又想起結婚當天，通子哭著說：「結婚的話，我會死的。」頻頻發出奇異舉止。

正當吉敷查無通子下落，又遇到離奇殺人事件，嫌疑人聲稱「把她殺死的兇手必須是我」，爲查明眞相，吉敷動身前往天橋立，在那裡意外和通子相遇，並解開隱藏的謎團。

書中所提宮津市天橋立，景色絕美的自然景觀，因地殼運動，在海上形成沙洲，長三公里，寬四十至一百公尺不等，植有八千株以上，樹齡達五百年的日本黑松。呈南北走向的天橋立，兩面皆海，西面稱阿蘇海，東面屬日本海一部分的宮津灣，南北兩端都與陸地相連，爲方便船隻進出阿蘇海，在南端智恩寺附近挖掘人工河道，並在上面設置可水平旋轉的小天橋。

天橋立地名由來，相傳是指人們站在北端的傘松公園，或南端文殊山飛龍觀山頭，背對沙洲站立，低頭從跨下朝後望，所見青松沙洲猶如一條往上斜伸的橋，故名。丹後天橋立、安藝宮島、陸奧松島，譽稱「日本三景」。

走在沙洲，賞看兩旁碧海青天，始覺夏空垂下的雲朵，如飛絮翩翩，使人有安閒自適的快意感動，這青松道和靜岡三保松原的景致相似，難怪作者會刻意提出「羽衣傳說」誘導吉敷的判別。

寬長沙洲，迢迢不斷如夏雲，意圖偵查真相的人，吉敷大概只能對天橋立實景，未語先喟歎！

延伸地景

㊣智恩寺：供奉掌管智慧的文殊菩薩，詩籤做成扇子形狀，「吉籤」可綁松樹上。

迴旋橋：連接天橋立和智恩寺山門前的橋，若船隻通行，會旋轉九十度讓船通過。

沙洲：天橋立在海灣連結兩岸，沙洲生長八千株松樹，兩側是海，中間有水井。

傘松公園：從籠神社搭空中纜車，在傘松公園回望海與天連成一線的沙洲絕景。

伊根船屋：寧靜純樸漁港，三角屋頂的舟屋林立，有稱海京都或京都的威尼斯。

紫式部《源氏物語》

大津琵琶湖

琵琶湖位於滋賀縣，日本最大湖泊，湖沼水質保全特別措置法指定湖泊，列入濕地公約國際重要濕地名錄。琵琶湖占滋賀縣六分之一面積，六七○・三三平方公里，湖岸長二四一公里，最深一○三・五八公尺，平均水深四一・二公尺。

自琵琶湖流出的河川按上下游，依序爲瀨田川、宇治川、淀川，最後流入大阪灣。

湖岸多個超過千年歷史的寺院、神社，是日本最早設立的國定公園，古來即有「近江八景」美譽，可搭乘遊艇前往竹生島賞景，每年八月湖畔會舉辦花火會。

過去年代，常在和歌或俳句中被詠誦的近江八景，除了矢橋的「矢橋歸帆」，其餘七個都在大津市：石山寺的「石山秋月」、瀨田唐橋的「勢多夕

琵琶湖　歌川廣重繪圖「東海道五十三次大津 走井茶店」

大津琵琶湖

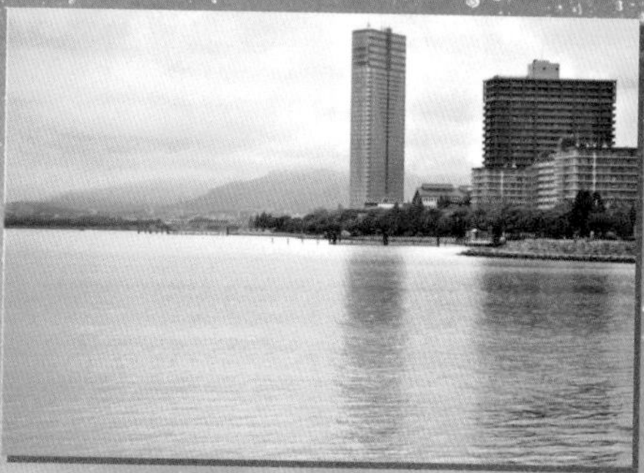

大津琵琶湖

石山寺參道

照」、粟津原的「粟津晴嵐」、園城寺的「三井晚鐘」、唐崎神社的「唐崎夜雨」、滿月寺的「堅田落雁」、比良山系的「比良暮雪」。

位於瀨田川岸的石山寺，眞言宗大本山，奈良時代西國三十三所，擁有最古老歷史的靈山。境內遍布造型奇特的岩石，包括聳立正殿前的巨岩，是世界罕見的天然紀念物「硅灰石」。石山寺因建造在硅灰石之上而得名。

名列「近江八景」之首的「石山秋月」，據稱，平安時代宮廷女房紫式部曾於石山寺借住七日的參籠期間，因巧遇琵琶湖倒映的中秋明月而構思《源氏物語》;位於本堂左側的「源氏之間」即是《源氏物語》起筆所在。

紫式部幼年喪母，由父親藤原爲時撫養長大。據說紫式部從小天賦異稟，對漢文深感興趣。九九八年，嫁給官吏藤原宣孝，婚後兩年就與丈夫死別。此後，入宮侍奉一条天皇的皇后彰子，沒有再婚。

某日，紫式部被皇后召見，要求她暫停和歌寫作，執筆一些優質的人間故事。總覺得筆下無神的紫式部爲了能順利展開寫作，隻身前往石山寺，向如意輪觀世音菩薩本尊祈禱，借住山寺，進行爲期七天閉居齋戒祈福。未料第七天夜晚，正當她眺望近江夜景，見到琵琶湖明月映水清，一時文思泉湧，難以阻擋，構思接連浮現腦海。當時身旁並未準備寫作紙張，只好臨時借用正殿內陣寫大般若經的經文紙，在其背面逐字寫下後來成為世界最早誕生的長篇小說，日本千年以來，名垂青史的國寶《源氏物語》。

如今，紫式部的供奉塔，依舊與曾造訪石山寺的松尾芭蕉的詩碑並列，屹立經藏旁。

由初代住持良辨開基的石山寺，除了知名的紫式部，同時又以作為花卉寺而聞名，櫻花、紅葉、菖蒲，以及紫薇等四季花卉，把寺院妝點得繽紛多姿。

延伸地景

彥根城玄宮園：城內天守名列國寶，將領井伊氏模擬唐玄宗的離宮興建玄宮園。

竹生島：搭觀光船前往，島內寶嚴寺、都久夫須麻神社，知名的能量磁場景點。

近江八幡堀：古色古香的街道與水道，水鄉澤國，可搭乘小舟遊覽八幡堀景色。

白鬚神社：滋賀縣高島市，近江地區歷史最悠久的神社，鳥居豎立琵琶湖聞名。

長濱城：城堡作為歷史博物館展覽使用，周邊區域規畫豐公園，外側為琵琶湖。

大津名景石山寺

石山寺正殿

紫式部寫字間

紫式部雕像

谷崎潤一郎《春琴抄》

少彥名神社

名作《春琴抄》，以一本無意間獲得，由徒弟檢校託人編寫師傅傳記的《鵙屋春琴傳》爲藍本，是日本近代文學的畸戀名篇，也是受虐美學的代表作。

小說敍述，原名鵙屋琴的春琴，身爲大阪一家藥材商女兒，自幼天資聰穎，嫻靜端莊，舉止從容優雅，無人可及，九歲罹患眼疾，雙目失明。由於對演奏三弦琴頗有天賦，拜盲人演奏家春松檢校學習琴藝。

時任藥材行學徒的溫井佐助，專職爲失明的小姐護送上下課，爲人正直的佐助極其忠誠的完成差事。他被春琴的氣質吸引，拜小姐爲師，學習三弦琴，成爲春琴的徒弟，日久生情，二人關係進一步發展，演變成無法公開又難以分離的戀人。

某夜，春琴意外遭惡棍用熱水燙傷毀容，忠心耿耿的佐助，每天夜裡趁藥鋪傭人熟睡，摸黑到神社，先以清水淨身，虔誠膜拜，祈求醫藥之神讓春琴傷勢早日康復。直到後來，春琴告訴佐助，傷癒繃帶解下後，「任何人都能看到我的臉，唯獨你不許見到！」爲留存對小姐美貌的永恆印記，佐助自廢雙眼，與春琴一起成爲盲人。「師父，師父！我看不見師父被毀的面容，現在能見到的仍是十年來烙在眼底的親切容貌。請師傅一如過去，允許我在您身邊服侍。」

佐助替春琴祈福的「少彥名神社」，主祭「少彥名命」，又叫須久那美迦微，日本神祇，根據《古事記》說明，少彥名是神皇產靈神的兒子，爲智慧之神、醫藥之神、商業之神和開拓之神，與神農一起受祭，是日本醫藥總鎮守。

少彥名神社位於被稱「藥の城」的大阪道修町，奉祀醫藥神祖少彥名命和醫藥之神神農氏，當地人稱「神農爺」。江戶時代，藥商將道修町同業公會供奉的神農氏，與京都五条天神宮供奉的少彥名命的分身合祭，是爲神社起源。

神社標誌「紙老虎」，大阪特產，也是少彥名神社祛病的護身符。一八二二年，相傳大阪霍亂肆虐，神社製作大量「虎頭殺鬼雄黃圓」治病藥丸，配合祈求祛病的護身符「紙老虎」發放，不久，霍亂慢慢受到抑制。

如今，道修町每一年都會舉辦例行儀式，始於今宮戎神社的「十日戎」，終於少彥名神社十二月廿二、廿三日的「神農祭」；「神農祭」又稱「收尾祭」，道修町一帶仍會分送「紙老虎」。

走進狹窄小巷的少彥名神社，總會令人聯想佐助在春琴遭毀容，每晚趁僕人入眠，隻身前往神社淨身，向神明祈願春琴康復的場景，彷彿只爲那一段命中注定，無法被理解，又難以脫口說出的愛意。

延伸地景

生國魂神社：歿於明治十九年的鵙屋琴，葬於大阪天王寺區生玉町的生國魂神社。

淀屋橋：架設於大阪土佐堀川，獲選爲最有魅力的橋梁，春琴學琴的必經之地。

有馬溫泉：神戶知名的溫泉區，谷崎潤一郎常去，春琴暗結珠胎，生產的地方。

道修町：自江戶時代起，即是日本藥材批發街，時至今日仍爲許多大藥商所在。

道修町資料館：少彥名神社旁側，展示與藥學有關的資料，館外設有老虎雕像。

大阪道修町

道修町是日本藥科大學發源地

道修町仍留有不少漢方、西藥店

少彥名神社入口

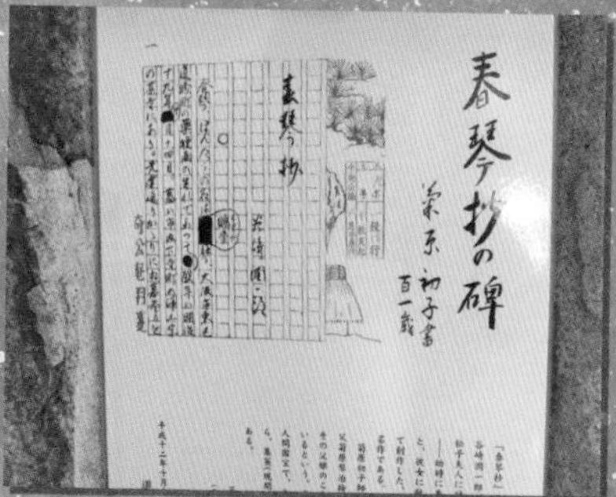

《春琴抄》碑文

神社標誌「紙老虎」

少彦名神社正殿

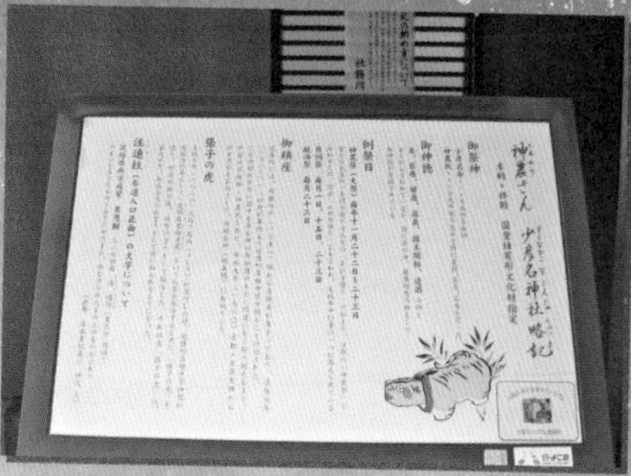

神社祭祀醫藥神祖少彦名命及醫藥之神神農氏

少彦名神社

東野圭吾《浪花少年偵探團》

住吉大社

建於三世紀，擁有一八〇〇年歷史的住吉大社，位於大阪住吉區，主祭守護航海的「住吉三神」。《萬葉集》云：

> 自此大和奈良都，西下難波乘船初；住吉三津直渡海，君茲奉使日入墟。只今惶恐不敢請，住吉大神垂聽予；鎮坐舟軸立舟艫，所遇磯碕所泊渠。無使風濤與相遇，好指安歸故國居。

和歌敘述遣唐使出航前，都要到大社參拜，祈求往來航路一帆風順。每年初詣參拜者超過三百萬，是二三〇〇間住吉神社的總社，洗手處設計有划船的一寸法師，據稱是一寸法師發祥地。

住吉大社自古便是航海人或乘船者祈求航行平安的神社，從第一本宮到第四本宮的御神殿，保留「住吉造」建築，是爲國寶。神社設置有照明用石燈籠六百多座，水池建有一座朱色拱橋，又名「反橋」，反橋是住吉大社代表性橋樑，倒影連接又像一面鼓，有稱「太鼓橋」。大阪住吉大社、下關住吉神社、博多住吉神社並稱日本三大住吉。

曾獲諾貝爾文學獎的川端康成的小說《反橋》寫道：「下橋比上橋令人感到可怕，我在媽媽的懷裡。」五歲那年，被母親帶到大社，原本害怕高陡的橋，母親牽他的手，一步步走上橋頂，突然告訴他的身世，或許是被她的話嚇到記憶模糊，竟懷疑自己到底有沒有去過住吉大社，走過反橋。後來，川端的本文被刻在石碑上。

《平家物語》記載，一一六九年，平忠盛的兒子平清盛到此參詣獻納駿馬和黃金，祈願平家一族昌盛。平忠盛過世，天下盛行傳閱《源氏物語》，書中描述家境懸殊的光源氏和明石君的戀情，也在住吉大社上演。《平家物語》解說，「壇の浦海戰」前，暗示平家終焉滅絕，使平安朝帝都成荒涼之地的一箭，即從住吉大社射出。

出生大阪的東野圭吾，其《浪花少年偵探團》也以此爲背景，寫出一段年輕熱血，充滿推理的小說，他就讀高中的住吉區、住吉大社、住吉警署都出

TBS電視劇《浪花少年偵探團》海報

住吉大社

住吉大社著名的「反橋」

反橋倒影

住吉神社

川端康成爲「反橋」爲文的石碑

住吉大社園區

住吉神社正殿

童話《一寸法師》發祥地

現在場景中。

小說寫道：立志從事教職的教師竹內忍，粗線條的海派個性與爽朗的伶俐口舌，總是讓學生擔心單身女子怎麼嫁得出去？但真正令她困擾，感到頭疼，卻是擔任班導的六年五班，人小鬼大的孩子，比率居多，不但使她頻頻捲入神祕的殺人事件，更淒慘的是，這群古靈精怪的孩子，發揮推理長才，似乎察覺她與大阪府警新藤刑警間微妙的曖昧情愫，更洞悉了具備「高富帥」三條件的本間義彥，也在猛烈追求她，藉此要挾新藤刑警，面對比案情更撲朔迷離的戀情，她該如何處理？

延伸地景

大阪市立小路小學校：小路小學校是東野圭吾母校，書引「大路小學」的藍本。

住吉區：位於大阪最南端，與堺市隔一條大和川遙遙相望，東野圭吾高中所在。

住吉的長屋：安藤忠雄之作「住吉長屋」，一排木造長屋嵌入一幢混凝土住宅。

大和川：流經奈良和大阪，是大阪市和堺市分界線，好似棋盤上面的楚河漢界。

阪南高校：讀者推理，毗鄰大和川那塊空地和長房屋，是東野圭吾就讀的高中。

宮本輝《道頓堀川》

道頓堀

一六一二年，安井道頓、安井道卜與平野鄉的安藤藤次，以私人名義在大阪興築運河，一六一五年完成。松平忠明以道頓的功績，命名道頓堀。一六六〇年代，鄰近區出現多座劇場：中座、角座、竹本座、浪花座、辯天座、朝日座等。日本橋北詰東，立有安井道頓紀念碑。

道頓堀與木津川及東橫堀川連接，全長二・九公里，是中央區一個町的總稱，現今以商業活動及娛樂場聞名，運河兩岸設有商店飲食街，遊客心目中的購物中心；河畔霓虹廣告招牌，是道頓堀最受矚目的風景。一九三五年，廠商設立固力果霓虹廣告，堪稱世界名聲最亮的戶外看板，更是大阪的象徵。還有，蟹道樂總店門口，長三十公尺的大隻蟹模型，則是道頓堀另一地標。

無論陰晴朝夕，每逢黃昏，這裡便閃爍霓虹燈，出入其間的行人、遊客

1982年電影《道頓堀川》海報

心齋橋筋

道頓堀

夜晚的道頓堀

道頓堀川上的戎橋

道頓堀

道頓堀川畔的唐吉訶德

著名的江崎固力康廣告招牌

道頓堀川

多如過江之鯽，無不展現繽紛的大都會景象，有「沒去過道頓堀，不算到過大阪」之說。

出生神戶，人稱「天生說故事好手」的小說家宮本輝，一九八一年出版《道頓堀川》，是「河川三部曲」第三部，小說舞臺設定道頓堀。曾說：「走過少年時代的成年人，一定都有深藏內心，難忘的風景。」以住在道頓堀，一對父子的愛憎爲主軸，牽連現代男女微妙的情慾關係。

「河川三部曲」是宮本輝創作的起點，《道頓堀川》讓讀者清楚而強烈窺見作者在文字裡，探討「父與子」的宿命，其對人生百態探索的重心，大都放在破碎家庭的人物身上。用字細膩，博得人心，是部好小說。

一位名叫玥璘的讀者，在網路寫下閱讀《道頓堀川》感想：「兩位主角，邦彥和武內都各自被死亡纏繞，邦彥對死去父親的不識給壓迫，背負身爲孤兒的孤獨感。武內則是一直懷疑自己當年踹向外遇妻子的那一腳，是否造成她多年後的死去，徘徊不去的死亡陰影伴隨愧疚而來。也間接影響到父子之情。過去仍不死亡，死者不留給生者一種安心，不也是一種死亡的糾葛。」

又說：「《道頓堀川》更是藉由衆生相，把人間討生活的男女企求溫暖家庭的形貌給描繪。沒能做好父親的武內把邦彥當成自己孩子，邦彥雖然沒有接受卻也不拒絕。而邦彥對面貌模糊的父親的追尋，可以看出他內心的空洞。」

一九八二年，《道頓堀川》改編成電影，松坂慶子、眞田廣之主演，敘述一位年輕打工仔安岡邦彥，和風韻多情的眞知子的曖昧情感。由於身分差異，導致一段愛情成爲哀愁悲歌，這種鍾情於對純粹感情的現象，是日本小說和戲劇獨特的類型。

延伸地景

心齋橋筋：一條人潮擁擠的商店街，遊客必吃美食，必買藥妝零食，聚集於此。
水上觀光船：道頓堀川的水上觀光船，從河面眺望街景，巡航時間大約二十分鐘。
法善寺橫丁：中央區難波，沿途石板小路、燈籠、線香白煙，洋溢著懷舊風情。
惠比壽塔：唐吉軻德道頓堀店門外，打造的摩天輪，四人車廂，可賞大阪夜景。
上方浮世繪館：位於難波。以歌舞伎表演者爲創作主軸，體驗製作浮世繪版畫。

萬城目學《鹿男》

飛鳥奈良

一九七六年出生大阪的萬城目學，京都大學法學系畢業，嚮往成爲作家，後因職務調動，派往東京，爲顧及寫作，主動辭職，隻身住進狹小的公寓專事創作。《鹿男》是他二〇〇七年的著作，兼具歷史、科幻、推理、趣味，不可思議的小說。故事背景以奈良古文明爲舞臺，融合日本神話與歷史，蔚成高潮迭起又曲折迴轉的奇幻小說。讀完全書，好似踏遍整個奈良史蹟。

故事以第一人稱撰寫，講述前赴奈良女子高校擔任代理教師的主角，某天在奈良公園東大寺大佛殿前草地，遇見一隻會用人類語言說話的神鹿。神鹿從一千八百年前守護人類迄今，爲了每六十年一次「神無月」的「鎮壓儀式」，任命他擔任運送「目」的信差。神鹿說：「如果沒把『目』拿回來，日本就會滅亡。」

電視劇《鹿男》海報

興福寺南圓堂

東大寺

東大寺毘盧遮那佛大佛像

小說主場地奈良公園，位於奈良市東方，面積廣闊、草原綠樹林立，興福寺、猿澤池、若草山、飛火野、東大寺、春日大社，以及展出佛教藝術品的奈良國立博物館等名景，全聚集於此。一九二二年被指定為國家名勝。

公園內有數以千計，在園區草甸上自由行動的鹿群，這些鹿被視為神道教中神明的使者，神聖不可侵犯，被指定為國家的大自然和動物保護區；奈良的神鹿不僅成為這座城市象徵，更被認定為國寶，自古，奈良即被界定是神佛和鹿的故鄉。

除了奈良公園，《鹿男》情節也躍進飛鳥時代的明日香村。於此之前，推理大師松本清張即以飛鳥的石造物寫出《火の路》，擺明漫遊明日香村。

「飛鳥」又稱明日香村，是飛鳥時代首都藤原京所在地，五、六世紀，是日本政治、藝術和宗教中心；飛鳥是日本歷史邁向中央集權天皇體制的第一個朝代，當時留下的遺跡通稱飛鳥京，明日香村依據古都保存法，致力飛鳥各項歷史遺跡的保存；村內有約三十九公頃區域被劃為國營飛鳥歷史公園，公園包括：被認為可能是飛鳥時代重臣蘇我馬子墓塚的石舞臺古墳、中尾山古墳、北浦古墳等多個古墳。

因爲是第一古都，留下的古文明不少：位於飛鳥後山的奧飛鳥，山坡可見日本少有的梯田和遍野火紅的彼岸花。供奉蘇我馬子創建，日本最古老銅鑄釋迦如來座像，也是日本第一座寺院的飛鳥寺。唯一保存完整青龍、白虎、朱雀、玄武四神獸壁畫的龜虎古墳。出土一千四百年前仕女壁畫的高松塚古墳等。

緣由於一本叫《鹿男》的書，竟能藉作者創造的神奇情節，走進奈良和飛鳥的田野，遍賞古文明，同時追尋日本的歷史原點。

延伸地景

法隆寺：象徵飛鳥文化的「西院伽藍」，世上現存最古老的木造結構的建築群。

橘寺：聖德太子建立的七大名寺之一，且爲聖德誕生地，正殿稱作「太子堂」。

岡寺：又稱龍蓋寺，因爲消除惡龍之災而著稱，也以日本首座除厄靈場而聞名。

橿原神宮：位於奈良橿原市的畝傍山麓間，建造於初代神武天皇的宮殿所在地。

萬葉文化館：日本最古老的詩歌總集《萬葉集》的古文物和考古遺址的主題館。

春日大社

奈良公園猿澤池

明日香村石舞臺的石墳

重建後的平城宮跡朱雀門

橿原神宮前車站及神獸水池

安藤優一郎《千本鳥居百萬神》

伊勢神宮

平安時代要進皇宮任職的齋宮，都得先到地位崇高的伊勢大神宮參拜、齋戒。《源氏物語》提及，齋宮是從未婚的皇族女性或公主中挑選，派遣前往位於三重的伊勢神宮，代替天皇祀奉神明。齋宮選出，出發前，還需先到嵯峨嵐山的野宮神社齋戒淨身一年。

撰著《千本鳥居百萬神》的歷史學者安藤優一郎，書序提到：「縱觀日本歷史，神社成爲改變或創造歷史的舞臺，可說是一點也不稀奇。」他自北海道、東北、東京、四國、九州等地的三十座神社，以日本史爲基點，神教信仰爲軸，剖析各神社創建與時代沿革。又說，二〇一九年，明仁天皇退位前最後一次出訪伊勢神宮，參拜天照大御神；傳說中的三神器一起隨行。伊勢神宮在日本人心目中的地位如何？爲何參拜伊勢神宮在江戶時代是一種流行？

伊勢神宮係指位於三重伊勢市，座落宇治五十鈴川畔，又名「內宮」的皇大神宮，以及坐落伊勢山田原，又名「外宮」的豐受大神宮；包括別宮、攝社、末社等一百二十五家神社的總稱。

內宮祭祀的天照大御神是大和民族總氏神，也是自古供奉皇室家族靈位的最大神宮。占地廣大的內宮，分布有二千多年前即開始供奉的天照大御神的正殿、神樂殿等神社拜殿，以及種植天然杉樹、米櫧、楊桐、扁柏等神聖林。

外宮從一千五百多年前，供奉守護產業的豐受大御神，其建築規模與樣式跟內宮大致相同，神殿離地二層樓高，採「神明式」建築，是日本神殿建築風格最古老者，但在以長木和鰹木交叉建造的屋脊裝飾，仍有些微差異。

伊勢神宮保存有象徵日本皇權三神器之一的八咫鏡，《日本書紀》記載，天照大御神在天孫降臨之際，曾下詔書：「視此寶鏡，當猶視吾。可與同床共殿，以爲齋鏡。」鎌倉初期著名的戰記文學《平家物語》述說同爲三神器之一的天叢雲劍，在源平最終戰役「壇の浦海戰」，隨著時子懷抱安德天皇一起沉入下關海底。

伊勢神宮是伊勢市的觀光重鎮，西元前二年開放的內宮，爲一座皇室專用神殿，平民不被允許入內參拜，直到十二世紀始開放部分，隨之，神宮前的商店街「門前町」跟著發展起來，每年參拜者約在八百萬人次以上。

神宮參拜，先經過內宮大門的宇治橋，宇治橋被認爲是俗界和聖界的分野，過橋需靠右行，河畔設有「御手洗」，參拜者淨手後才能前往正宮，沿途可見以呈勾玉形狀的勾玉池的菖蒲，走在碎石參道，油然升起野竹上青霄的安然適意。

延伸地景

托福橫丁：位於內宮前，六十多間店家櫛比鱗次商店街，重現江戶時期街市風貌。

五十鈴川：宇治橋下流動五十鈴川，河畔一整排的楓樹，每年秋季楓紅人潮湧。

二見興玉神社：前往伊勢神宮參拜之前，需先在神社立石浜用海水洗條身心靈。

夫婦岩：兩塊聳立二見浦海中，串在一起的巨石，連結夫婦岩的繩子長三十五公尺。

鳥羽水族館：飼育的生物、魚類，超過一千兩百種，位於鳥羽，號稱日本第一。

伊勢神宮外宮入口火除橋

內宮入口宇治橋，橋下方是五十鈴川。

外宮參拜

外宮

內宮供奉天照大神的「御神體」

內宮收藏日本皇室三大神器之一「八咫鏡」

內宮門前的「托福橫丁」商店街

伊勢神宮典雅的建築

神宮種植生命力旺盛的常綠喬木「紅淡比樹」，喻爲「境界之木」。

吉川英治《黑田官兵衛》

姬路城

吉川英治著作的《黑田官兵衛》，敍述一五七五年，位於播州偏遠小郡的小寺家，身處毛利輝元和織田信長龐大勢力的衝擊。搖擺不定的主君捨棄多數家臣支持的毛利家，聽從二十二歲年輕家老、姬路城主黑田孝高，向織田家投誠。通稱黑田官兵衛的孝高，僅以五百精兵擊退毛利家五千兵馬，開啓戰國時代的雙雄爭霸。

豐臣秀吉稱孝高是「有能力取得天下的男人」，這個男人躍上戰國舞臺，與秀吉往來，爲織田家在軍略與外交貢獻良多，更與竹中半兵衛並列秀吉的參謀雙璧，後世稱二人「兩兵衛」。官兵衛具有審時度勢的遠見、軍事謀略的稟賦、合縱連橫的口才、衝鋒陷陣的勇武，事主君以忠、待朋友以義、對部屬以誠的將才。

爲了對信長與秀吉示忠，官兵衛自願被敵軍囚禁一年，又因瘡病損壞一條腿，成了瘸子，身體缺陷同樣無礙官兵衛的作爲，軍略及外交才華讓他在三十六歲，從一介武將躍升地方大名，從此展開天才軍師力挺豐臣秀吉奪取天下的序曲。

黑田官兵衛曾任堡主的姬路城，位於兵庫姬路市，一六〇九年完成，與松山城、和歌山城並稱「日本三大連立式平山城」；姬路城受天眷顧，未因戰爭、地震或火災毀損，得以保存原貌，號稱「日本第一名城」，是日本第一個被聯合國教科文組織登錄的世界文化遺產。

姬路城建築時間，可追溯到室町時代，播磨國豪族赤松氏在姬山建築防禦工事，到了安土桃山時代的一五七七年，奉織田信長之令征伐毛利元就的豐臣秀吉，受小寺氏協助，於現址建立基地，此時的姬路城稍具規模。史料記載，最初的姬路城十分簡陋，天守閣僅三層，直到幕府，才由德川家康的女婿池田輝政改建地上五層六階，地下一階。

入口處「菱之門」，是安土桃山時代至今僅存最大的城門。姬路城以高超的築城技術，與擁有壯觀的連立式天守群受讚譽，白色城牆遠望近看，如輕

NHK大河劇《黑田官兵衛》海報

姬路城入口

又稱「白鷺城」的姬路城

春櫻滿開的姬路城

天守閣遠眺姬路市

姬路城天守閣

好古園庭園

鄰近姬路城的好古園

好古園景致

舉手臂即可觸摸，蜿蜒屋簷的造型，猶如展翅欲飛的鷺鷥，又稱「白鷺城」。

軍事或藝術評價極高的姬路城，城郭高三十一公尺，外觀堅固宏偉，有「不死鳥の城」傳說：姬路城自戰國時代以降，長期處在戰亂，加上第二次世界大戰，兵庫縣遭盟軍轟擊，八十二棟姬路城所屬建築完整保存，又有「不燒の城」、「奇蹟の城」稱號，尤其城牆使用的白色防火灰漿，後來被廣泛應用在其他城郭外牆。

從大手門護城河登上石砌高臺，迴轉步行，姬路城宛如一隻駐守天際的大鵬鳥，昂首凝視，感受天地浩大無邊。

延伸地景

好古園：由池泉迴遊式的「御屋敷之庭」等九種風格的庭園所構成。古色古香。

姬路文學館：由安藤忠雄設計建造，收集有活躍於姬路的作家的相關文學資料。

書寫山圓教寺：於九六六年開設，天臺宗三大道場之一，山林清幽有如與世隔絕。

洲浜神社：祭祀水之女神「市杵島姬神」，座落在「鴨池」之中，兵庫水百景。

紅豆博物館：姬路市阿保甲。御座候經營，展示與紅豆有關的歷史、原料等。

志賀直哉《在城之崎》

城崎溫泉

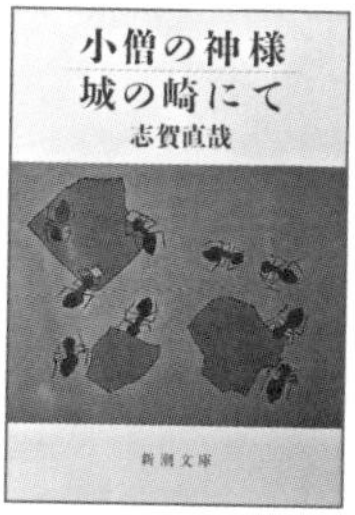

城崎就在兵庫北端城崎町圓山川支流的大溪谷川沿岸，浴場鱗次櫛比，與有馬、湯村，同列兵庫境內三大溫泉，因「鴻の湯」治癒受傷鴻鳥而聞名，歷史悠久，古稱「但馬の湯」，曾獲日本十大人氣溫泉街第一名。裡の湯、一の湯、地藏湯，滿街身著浴衣、木屐的男女遊客，在大谿川畔，迎風搖曳的垂柳下，隨興逍遙古老街道。

陽光明媚，首見站前海產街，北柳通、南柳通販售松葉蟹、但馬牛；再見文學散步道披露無數好景：松尾芭蕉、与謝野晶子、向井去來、島崎藤村、有島武郎、富田碎花的文學碑。街尾城崎溫泉元湯的溫泉寺可搭纜車上山，眺望城崎美景。

溫泉老街的小巷藏巧，忽逢「枯山水石庭」禪意景致，實爲一得，庭園

受城崎溫泉治癒的鴻鳥

城崎車站

城崎溫泉區

城崎溫泉

城崎大蟹

枯山水石庭

城崎文藝館

文藝館以書裝飾

城崎溫泉區

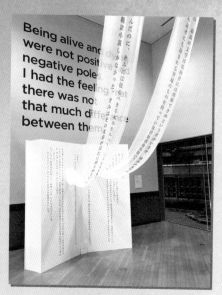

青苔鮮綠，枝條交錯，縱橫藍天之上；再進城崎文藝館賞司馬遼太郎字畫、志賀直哉文學碑；一九一二年，志賀直哉療傷入住城崎，直觀生死，並將下榻城崎感受融入小說《在城之崎》。此外，平安時代的藤原兼輔亦曾在《古今和歌集》提及城崎爲貴族養生之地。

一九一三年四月，志賀直哉上京。八月，與里見弴前去芝浦納涼，在觀賞業餘相撲歸途，走在山手線軌道旁，意外受重傷。雖然在東京醫院入住一段時間，但爲療養而前往兵庫城崎溫泉。

他在後來出版的《城の崎にて》寫道：「我被山手線電車撞倒受傷，孤身來到但馬的城崎溫泉療養。聽大夫說，後脊梁上的傷要是轉爲脊椎骨瘍可就要命，但不至出現這種事。還說，只要二、三年內不出這種症狀，以後就不用耽心，不過最要緊的還是注意身體，所以決定來休養，心想，至少待上它三個星期，倘若安得下心，住上五個星期也無妨。」

《在城之崎》是短篇小說，一九一七年五月在白樺派同人誌《白樺》發行，被認爲是私小說代表作，可謂志賀文學轉捩點，大多數研究志賀思想的論文，都以圍繞主角所遭遇的三種小生物的死，觸發其對死亡看法來作爲論述。

二〇一三年，由城崎溫泉旅館業者共同企畫製作，在雲升霧漫的溫泉蒸氣中閱讀，也不會讓水滴打濕書本的「書與溫泉」出版品：志賀直哉的《在城之崎》，領先成爲第一冊「只在城崎溫泉才買得到」的「特製版小說」。

那是城崎秋季的昏黃天色，上空蓬亂雲彩，渲染起志賀直哉迷濛的溫泉，怎麼也無法再打濕書本了。不多久，小說家萬城目學沿志賀直哉在城崎的行跡，寫下《城崎裁判》，以及作家湊佳苗寫成的《回到城崎》，都成爲「特製版小說」。

延伸地景

㊌㊍㊎：擁有一千四百多年的歷史，河道兩岸垂柳搖曳，升起濃濃的懷舊風情。

㊆㊇㊈㊉：溫泉街分布七處公共澡堂，穿上浴衣漫步街道，享受溫泉之旅樂趣。

溫泉寺：城崎溫泉的守護神殿，寺內有一尊罕見的佛像，稱爲十一面觀世音菩薩。

城崎文藝館：主要展示與城崎有關的文豪大作、創意的溫泉書籍、作家的書法。

極樂寺：寺院規模不大，擁有一座超有質感的枯山水石庭「清閑庭」，如詩似畫。

水木茂／鬼太郎／鳥取

邊見純／來自收容所的遺書／島根隱岐島

竹九夢二／宵待草／岡山後樂園

Chugoku Region

山陰山陽文學地景

・鳥取・島根・岡山
・廣島・山口

井伏鱒二／黑雨／廣島

信濃前司行長／平家物語／廣島宮島

橫溝正史／本陣殺人事件／倉敷眞備町

志賀直哉／暗夜行路／廣島尾道

松本清張／内海の輪／廣島尾道

岡山ヒロミ《桃源鄉迷宮》

吉備津神社

喻稱「晴天之國」的岡山，寧靜又乾淨的城市，也是童話故事桃太郎的原鄉。JR岡山站前廣場，立有桃太郎與代表申（猴子）、酉（雉雞）、戌（狗）合力降伏惡鬼的雕像。

車站一側是現代化都市景觀，岡山城、後樂園、夢二鄉土美術館都在同方位；另一側是田園風光的鄉間景致，著名桃太郎的故事舞臺，意指兩座歷史悠久、樸實無華，祭祀「桃太郎」的神社，就在那一頭，其歷史可追溯至平安時代的備前國一宮的吉備津彥神社；備中國一宮，本殿和拜殿建築是日本國寶的吉備津神社；除此，還有豐臣秀吉使用水戰攻下的「備中高松城戰役」，戰場遺址就在這一帶，現爲「高松城水攻戰役歷史公園」。

前往兩座桃太郎原型神社，搭乘JR吉備線「桃太郎彩繪列車」，車子啓動會播送桃太郎主題曲 Momotarosan。桃太郎的原型是位於「吉備津站」吉備津神社的主神吉備津彥，他是第七代孝靈天皇的皇子，四道將軍之一，傳說他在平定吉備，擊敗名叫溫羅的惡鬼。吉備津彥神社內能見到桃子造型的御守、籤詩和繪馬。

另一座原型神社位於「備前一宮站」吉備津彥命神社，本殿和拜殿被指定爲國寶，自本殿延伸長達三六〇公尺的迴廊，甚受好評。

有關桃太郎故事，坊間傳說甚囂，版本各異，廣爲人知的莫過於從桃子中出生的桃太郎，長大後，帶著父母給的「黍糰子」，前往鬼之城展開打鬼行動，途中，遇見小狗、小猴、雉雞，並收編爲夥伴，合力打擊惡鬼，帶著從惡鬼那裡拿的金銀財寶，凱旋返鄉。

有關桃太郎的著作繁多：松居直的《桃太郎》、石田英一郎的《桃太郎之母》、西川滿的《繪本桃太郎》詩集。其中岡山ヒロミ著作的《桃源鄉迷宮》受到萬衆矚目，本書取《桃太郎》爲題材，岡山ヒロミ執筆、あづみ冬留繪製插圖，以「桃太郎轉生到現代世界」爲概念的視覺輕小說。

小說敘述在岡山市經營懷舊咖啡廳「桃源鄉」的吉備桃太郎，與各種理由來到桃源鄉，各自有著不同背景的男性，共譜既騷動熱鬧又和平快樂的每一天作背景；某天，店門口的招財貓無故遭破壞，門前還躺著一名喪失記憶的青年，根據桃太郎的祖父眞備表示，青年會喪失記憶，可能跟被弄壞的招財貓有關，這會是招財貓的詛咒？後來，桃太郎等人爲青年取名「白金和」，並讓他在回復記憶前繼續待在桃源鄉。

一座城市，願意以衆人皆知的童話傳說作爲觀光發展素材，這不就是文學地景發展的有利價值！

延伸地景

㊞岡山後樂園：受岡山藩主池田綱政之命，作爲休閒的大名庭園，三大名園之一。

岡山城：戰國時代的大名宇喜多秀家，一五九七年建造完成，與後樂園相連的城堡。

瀨戶大橋：連接本州岡山和四國香川，有吊橋、斜張橋、桁架橋橫跨瀨戶內海。

夢二鄉土美術館：收藏活躍十九世紀前期，岡山出身的詩人、畫家的繪畫作品。

招財貓美術館：位於岡山市北區金山寺附近，館內展出琳瑯滿目的各種招財貓。

2019年電影《桃源鄉迷宮》海報

岡山車站前的桃太郎雕像

吉備津神社拜殿

桃太郎彩繪列車

總長398公尺的迴廊

吉備津神社

神社庭園的桃太郎雕像

吉備津彥神社

神社拜殿

杉森久英《天皇的御廚》

岡山倉敷

倉敷隸屬岡山縣，位於高梁川與瀨戶內海交界，屬於西日本僅次於大阪的主要工業城市。一九六七年合併後，發展出四個具有不同特色的地區：具有行政機能及觀光資源的倉敷地區、具有整合工業區的水島地區、學生服和牛仔褲製造地的兒島地區、具備貿易港及新幹線車站的玉島地區。

「倉敷美觀地區」歷年發展，儼然成爲倉敷最知名的觀光地景，白壁宅邸與倉敷川沿岸柳樹所形成的街道，遺留五百多棟，三百多年歷史的建築，步道鋪設石板路、常明燈等，列爲日本「重要傳統建造物群保存地區」。一六○○年代，石垣砌成的河道作爲運送物資集散地而繁榮。如今，把歷史傳統與現代生活融合，形成優閑的人文地景，使人著迷。

還有，日本第一家西洋美術館「大原美術館」，由大原孫三郎於一九三

〇年創立開館，是新古典主義的希臘風格建築，收藏埃爾葛雷柯、馬蒂斯、高更、莫內、雷諾瓦、畢卡索等名家作品，兼及亞洲和當代美術精品。

另外，由代表倉敷的纖維工廠遺址改建的紅磚建築，倉敷愛美廣場 Ivy Square，收藏約七百件民俗藝品的倉敷民藝館、倉敷考古館等，許多文化設施座落於此，日洋並存，別具風味。

再說，「倉敷川遊船」要算最大特色，仿古小船隨倉敷川流經市中心，沿途欣賞白壁街道景色，還可欣賞穿著和服或浴衣漫步河畔的遊客，或拍攝婚紗的新人，體驗岡山人的日常生活。

作家杉森久英於一九七九年出版的傳記小說《天皇の料理番》，講述自福井縣鄉下進京的青年秋山篤藏，憑着一股傻勁，爲學習料理從打雜開始努力學習，靠著驚人天份和意志力，以成爲獨當一面的廚師爲最終目標。電視劇取景地，出現女主角俊子上京找男主角篤藏所住的旅館「吉井旅館」，還有新橋站前的風光景色，都能清楚得見明治末期，倉敷川沿岸的建築風貌。

小說三度改編拍成電視劇，臺灣取名《天皇的御廚》，由佐藤健和黑木華主演。

電視劇《天皇的御廚》海報

倉敷運河

運河景致

倉敷運河美景

倉庫群

運河旁的倉庫群

桃太郎商家

倉敷物語館

注重門面藝術的商家

關於倉敷與電影，白壁宅邸與倉敷川沿岸柳樹下的刀光劍影大戰，改編自超人氣漫畫的《浪客劍心》，亦由佐藤健主演，劍心與左之助比武的場地，選擇晚間的倉敷美觀地區，白壁宅邸和倉敷川沿岸柳樹下，拍攝刀光劍影的激烈大戲。

同樣，改編自漫畫家秋枝同名作品的電影《戀の光》，敍述大學青春風情的愛情電影，一男三女之間，橫刀奪愛，剪不斷理還亂的關係，在岡山倉敷的景色置入下，宛如「岡山愛情故事」，又像現代版的「岡山女子圖鑑」。

延伸地景

兒島虎次郎紀念館：大原美術館的分館，展出有兒島虎次郎的多幅西洋畫作品。

星野仙一記念館：前日本職棒中日龍的超人氣選手，曾任中日龍、阪神虎監督。

倉紡紀念館：了解倉敷紡織的歷史，從明治至今的發展，可認識紡織業的現況。

貝蒂史密斯牛仔褲博物館：牛仔褲製作的體驗，做一條屬於獨一無二的牛仔褲。

鷲羽山展望臺：日本夕照百選之一。可飽覽瀨戶內海風光，瀨戶大橋近在咫尺。

信濃前司行長《平家物語》

嚴島神社

《平家物語》出現在平安時代末年和鎌倉初期，是長篇歷史戰記文學，原稱《平曲》，又稱《平家琵琶曲》，也是目盲藝人芳一以琵琶伴奏講古的臺本，記述平清盛爲首的平家和源賴朝爲首的源氏，兩大武士家族政爭的故事，卷首語鏗鏘有力，發人深省：

祇園精舍的鐘磬，敲出人世間無常的響聲。兩株娑羅樹的花色，訴說盛極必衰的道理。驕奢者如一場春夢，不會長久。強梁者如一陣輕塵，過眼雲煙。

一一四六年，平清盛擔任安藝守，嚴島神社成爲平家參拜朝佛的守護聖地。一一六八年，平清盛開始建造社殿，影響力大增，使座落在宮島的嚴島神社盛名遠播，京都的皇親貴族遠道而來參拜，同時大量引進平安文化，逐漸發

平清盛雕像

宮島渡船頭的蘭陵王雕像

瀨戶內海的嚴島神社

嚴島神社景色

拱橋

嚴島神社

清盛神社

海中大鳥居

嚴島神社寶塔

展出著名的雅樂表演。平家滅亡後，取而代之的源氏，仍給予神社優渥禮遇，使嚴島神社得以保持香火昌盛。

宮島屬於瀨戶內海廣島灣西南部的島嶼，面積三十平方公里，居民約兩千；行政區劃歸廣島縣廿日市市，或稱嚴島，或稱安藝の宮島，島上最受矚目的是位於海上鳥居而聞名的嚴島神社，以及彌山原始林區；這些建築與原始森林均列入世界文化遺產。

擁有一千四百年歷史的嚴島神社，主祭神話中的宗像三女神：市杵島姬命、田心姬命和湍津姬命。相傳，古時的大和民族選擇在海中興建神社的原因有二：一爲實現在海上建造龍宮，以便用來供奉海上女神；另則，源自古人相信死者靈魂會乘船出海，遠赴佛家極樂世界，榮登淨土。

神社築於瀨戶內海潮間帶，海中大鳥居是宮島地標，壯麗景色譽爲「日本三景」之一。神社還收藏許多國寶級文物，以大聖院爲首的佛寺閣院、嚴島神社寶物館、宮島水族館、宮島歷史民俗資料館、宮島町傳統產業會館等，供遊客參觀。

搭乘渡輪遠眺依山傍海的寺院景觀，連綿海邊的紅色建築，使人興起熱烈的朝聖心情，尤其見到漲潮後浸泡海水中，高十六公尺的大紅鳥居，不免感受宮島能成爲日本三景之一，自有其令人崇敬的自然美貌。

就在宮島渡船頭，矗立臉戴面具的蘭陵王高長恭塑像，謳歌平安時代以降，未曾間斷的舞樂。八世紀初傳入日本的〈蘭陵王入陣曲〉，芳醇的樂章與華麗舞蹈，鮮明地在嚴島神社被貢獻作爲每年五月十八日祭神的傳統文化。

每年到訪宮島的遊客三百萬以上，以幽山碧海爲背景的嚴島神社，潮起潮落，使人宛若閱讀平清盛一生起落，自他離去，獨讓人們逐求心靈澄明的海中鳥居，孤寂的綻開一朵大紅花。

延伸地景

㊟清盛神社：位於嚴島神社左方，鄰近西松原，從沙洲位置觀賞大鳥居格外清晰。

大聖院：位於宮島，平安時代眞言宗寺院，參拜本堂與觀音堂，有沙藏曼陀羅。

原爆圓頂館：廣島元安川畔，遭原子彈炸毀的遺址，作爲紀念物而獲得保存。

平和記念公園：丹下建三所設計，原爆死歿者的慰靈碑、和平之池、和平之燈。

廣島城：別稱「鯉城」，一九四五年原子彈爆炸遭摧毀，重建，現爲國家歷史遺跡。

小津安二郎《東京物語》

廣島尾道

尾道位於廣島東南方，地處岡山與廣島之間，瀕臨瀨戶內海的尾道水道，自古即是海運的物流集散地；明治時期山陽鐵道開通，成爲鐵道運輸與海運轉運站。一九九九年，西瀨戶自動車道通車，連結四國，成爲「瀨戶內的十字路口」。尾道造船等海運相關產業發達，尾道市區、向島、因島等地，建有大型造船廠。

尾道地形多山，市區不少街道建於坡地，別稱「坡道之城」。由於歷史上多次免於戰火侵襲，保留衆多古蹟，又有「瀨戶內の小京都」之稱。此外，亦有「文學の城」、「電影の城」見稱。

從尾道市區鐵道旁山坡，步上陡斜石階，山麓小徑可見刻著林芙美子等二十五位文學家的作品石碑。名景千光寺位於山腹，是尾道代表景點，可賞供

電影《東京物語》海報

臨海的尾道市

尾道商店街

商店街的林芙美子紀念館

商店街前的林芙美子雕像及歌碑

奉千手觀世音的紅色正殿與山坡絕美景色，再進千光寺公園的尾道文學館，林芙美子記念室、文學碑、手稿、遺物，撞見以《暗夜行路》聞名的志賀直哉舊居，又從陡坡小徑走入蜿蜒的貓の細道。纜車、港口、冰、貓咪、紫陽花、古道、文學，蔚成尾道風物詩。

不少文學、電影、動漫、廣告，以尾道爲背景取景：志賀直哉《暗夜行路》、林芙美子《放浪記》、今東光《惡名》、松本淸張《內海の輪》、山田洋次《故鄉》、大林宣彥《穿越時空的少女》、小津安二郎《東京物語》等。

《東京物語》原著劇本由導演小津安二郎及長期合作夥伴野田高梧，在茅崎市一間鄉村旅館，耗去一〇三天完成，還會同攝影師厚田雄春在東京與尾道花一個月時間，勘查拍攝地景。

以尾道爲故事舞臺，小津安二郎名作《東京物語》敍述：七十歲的周吉和老伴富子離開尾道，搭火車前往東京探望兒女。兒科醫生的長子幸一先將父母接到家裡暫住，祖孫三代得以團聚。但幸一夫婦工作忙碌，請求次子遺孀紀子陪老人家遊覽東京。後來又移到開美容院的長女志泉家，長女嫌父母添麻煩，向長子借錢安排老人家去熱海泡溫泉。旅館吵人無法入睡，於是提前回東京。長女因家中聚會而抱怨不已，老人家只好離開長女家，毫無目標走在街頭。兩人心裡頗有感觸，決定回尾道。途中，母親身體不適，在大阪下車到三子的家住一夜後回尾道。不久，母親病危亡故，葬禮結束，長女只對母親的遺物感興趣……

這樣的電影，發生在尾道和東京，鄉間與都會的故事，《時代雜誌》評選為影史最偉大的一百部電影，闡述時代洪流中，親情的境遇與崩解，同時反映日本傳統親子關係的轉變。

延伸地景

千光寺：建於八〇六年平安時代，是位於山腰處的千年古剎。供奉千手觀音菩薩。

貓之細道：從尾道市長江一帶的艮神社綿延二〇〇公尺的山腰小徑，有貓和貓畫。

島波海道：尾道到愛媛今治，接本州與四國，環繞瀨戶內海六座島嶼，看海景。

文學之道：鐵道旁山坡小徑，被稱文學之道、文學公園，有二十五塊小說經典句碑。

尾道港口：林芙美子說：看到海了，看見海了，睽違五年，尾道的海令人懷念。

貓之細道　　貓之細道

尾道文學館　　尾道文學公園

吉川英治《宮本武藏》

岩國錦帶橋

位於岩國錦川畔的錦帶橋，與長崎眼鏡橋、東京日本橋，名列日本三大奇橋，也是岩國地標。岩國市位於山口縣東邊、瀨戶內海的安藝灘西岸。錦帶橋跨越山口縣錦川，一六七三年，岩國藩三代藩主吉川廣嘉創建，長二一〇公尺、寬五公尺，再由五座拱橋組成半圓錦帶狀，利用組合木構式技法施工，橋身未用任何一根鋼釘搭建，現今木橋爲二〇〇四年改建。

夏季期間，遊客可在橋畔觀賞擁有三百餘年歷史的傳統鵜飼捕魚，鵜又名鸕鷀，夜間的鵜飼捕魚需遵循古法，遊客藉由火光清楚觀賞漁師利用訓練有素的鸕鷀捕捉河中小魚，暗夜河面點點燈火，使人發思古幽情。

走過錦帶橋，見岩國城屹立山頭，錦川畔的吉香公園，矗立佐佐木小次郎舞劍雕像。一說，小次郎出生岩國，著名的「燕返し」劍法，就是在錦川水岸柳樹下，斬落飛翔柳枝間的燕子，獨創的劍術。

平安時代，岩村氏居岩國，平氏滅亡，大內氏取而代之，家臣弘中氏代治。嚴島合戰，毛利氏滅弘中氏，一六〇一年，武將吉川廣家在岩國山頂修築岩國城，七年後，幕府頒布一國一城令，岩國城廢，一九六二年重建，今日所見岩國城天守閣爲四層鋼筋混凝土，一到三層陳列武士用的日本刀、鎧甲與頭盔；四樓展望臺可俯瞰吉香公園、錦帶橋，甚至瀨戶內海諸島和四國。

到錦帶橋走木棧橋，不免想起吉川英治的《宮本武藏》，讀到佐佐木小次郎與岩國的關係。

佐佐木小次郎出生一五九五年，戰國時代與安土桃山時代劍術家，富田勢源弟子，曾與「中条流」鐘捲自齋學習富田流小太刀技法；中条流是中条兵庫頭長秀創建；富田勢源有兩名弟子，一爲一刀流鼻祖「伊東一刀齋」；另一爲佐佐木小次郎。但小次郎更喜歡獨創的「巖流」，這種劍法使用比小太刀長的太刀，小次郎的愛刀「備前長船長光」長三尺三寸，絕技「燕返し」是能將長刀之利發揮到極致的招式。

一六一二年，爲了到細川家仕官，受命與宮本武藏在關門海峽的巖流島決鬥。小次郎決鬥時未將絕技「燕返し」施展，最後敗給武藏，命喪巖流島，他獨創的「燕返し」也未傳授弟子，使得這一招式失傳。

即使練就一身「一擊必殺」絕技，小次郎連「燕返し」都未及展露，敗在武藏木劍下。小次郎無法發揮長刀優勢，因武藏在決鬥前，製作一把木劍，這把木劍長四尺二寸，比小次郎的「長光」長了一尺。兩強相爭，鬥智鬥力，小次郎智有未逮，終焉敗陣，反而讓武藏在巖流島一役，名震天下。

延伸地景

吉香神社：祭祀前岩國藩主吉川廣嘉的神社，咸認江戶時代中期，神社的極品。

吉香公園：公園設施有吉香神社、錦雲閣、城山菖蒲園等，是日本櫻名所百選。

岩國城纜車：全長四一二公尺，單趟搭乘只需三分鐘，再步行到岩國城欣賞風景。

鵜飼遊覽船：輕舟點綴的燈火，可以在船上享用美食，及鸕鷀捕獲鮎魚的表演。

錦川水的祭典花火大會：每一年八月在錦帶橋畔舉行，施放大約六千發的煙火。

錦帶橋

錦帶橋

錦帶橋

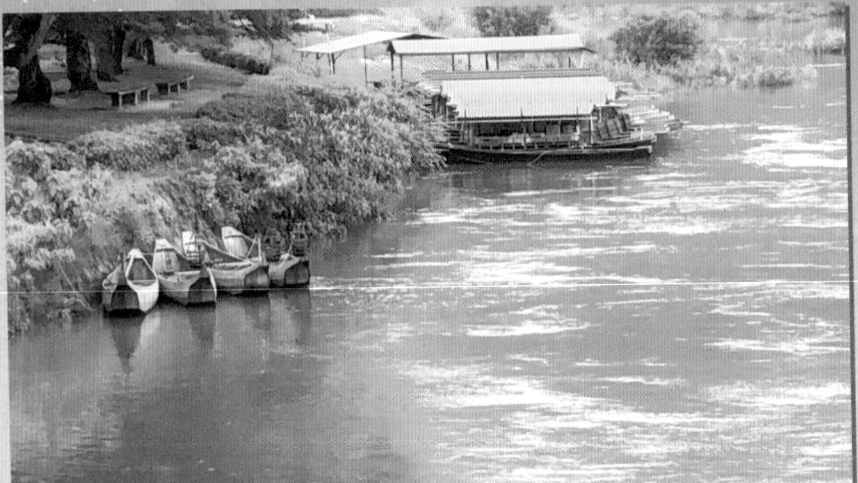

錦川

翠綠的吉香公園

錦川畔吉香公園的佐佐木小次郎雕像

從纜車俯瞰岩國市

吉香公園

岩國城

吉川英治《宮本武藏》

下關巖流島

巖流島，山口縣下關市關門海峽無人居住的小島，距離本州〇．四公里，舊名「船島」，屬於「下關市大字彦島字船島」，占地原爲一萬七千平方公尺，地形平坦，標高不足十公尺，周長一．六公里，布滿岩礁，十分險峻，船隻不易靠近。

後來，隨往來船隻日益增多，爲避免船隻發生碰撞暗礁的意外，岩礁一帶以人工塡土堆高，擴增至十萬平方公尺，經過整頓，一部分地區被整備爲公園，東側沿岸有人行步道、休憩設施、人工海灘和多功能廣場。儼然綠意盎然的海上公園。踏上小島可近距離清晰見到關門海峽航行的大型船隻。

欲往巖流島，可從門司港或下關港乘船，下關港埠建造格局新穎，海天視野遼闊，港口鄰近的唐戶市場爲一海產朝市，名聞遠近。自港埠走棧道乘船

到巖流島或門司港，別具一番境地；位於下關右下方的巖流島，船程未及十五分鐘，門司港更近，約莫十分鐘光景。船行間，可見關門大橋跨越關門海峽，如彩虹橫跨橋身兩端，雨霧中或豔陽下，風光各異，十分得趣。傳說，幕末志士坂本龍馬曾偕同妻子楢崎龍到訪下關，乘船到巖流島。

島上建有浮棧橋、人工海岸、文學廣場、宮本武藏到巖流島乘坐的傳馬船、巖流島文學紀念碑、森重香代子歌碑、佐佐木小次郎祭祀石、雙雄決戰雕像。

公園建立之初，企畫在最明顯的坡地，矗立宮本武藏和佐佐木小次郎決鬥的歷史畫面的雕像。然，小次郎的雕像二〇〇二年完成，作者是岩國的雕塑家村重勝久；而武藏雕像則公開徵集，最終選定廣瀨直樹的設計，仿效雙雄決鬥的氣勢，二〇〇三年，武藏的雕像比小次郎晚到近一年。終於，雕像矗立，旁邊並立一面文學碑，介紹巖流島歷史和雙雄決鬥的情節。

吉川英治在《宮本武藏》敍述，巖流島之役，是佐佐木小次郎爲了到細川家仕官，受命與武藏在巖流島決鬥。決鬥中，小次郎被武藏以備用木槳削成木劍，作爲兵器，擊中腦門，當場頭破喪命。日人於島上建立佐佐木巖流之

巖流島渡船口

巖流島

巖流島歌碑

巖流島景色

雙雄決鬥的文學碑

佐佐木小次郎巖流之碑

決鬥巖流島

佐佐木小次郎雕像

宮本武藏雕像

碑，供遊客憑弔懷古。木小次郎的死因衆說紛紜，另有一說是被自己的長劍反彈致死。

小次郎在這一場戰役中敗北，觀戰的民衆群情激憤，不齒武藏以不入流戰術取勝，蜂湧而上要爲小次郎報仇，武藏嚇得駕舟逃離。由此，相對讓小次郎成爲人們心目中的悲劇英雄，爲了紀念小次郎命喪孤島，日本人便以小次郎所屬的「巖流派」之名，將「船島」更名爲「巖流島」，作爲紀念在決戰中敗亡，小次郎堅定的戰鬥意志。

延伸地景

關門海峽：連接日本海與瀨戶內海，南岸北九州，北岸爲下關。舊名馬關海峽。

關門海峽海底隧道行人步道入口處：位於下關市御裳川町二十二，御裳川公園附近。

海峽夢之塔：位於下關。全方位欣賞瀨戶內海、關門海峽、巖流島、九州連山。

唐戶棧道：幕末坂本龍馬和妻子楢崎龍，從下關乘船到巖流島蜜月旅行的港埠。

海響館：下關的小型水族館，需購買入場券。可以看海水魚、企鵝、海豚表演。

信濃前司行長《平家物語》

壇の浦古戰場

《平家物語》提及，平家與源氏最終一役的赤間關壇の浦，即在今日關門海峽，這條位居本州與九州的寬長海域，南岸北九州市，北面下關市。海峽狹窄處六百公尺，潮流湍急，爲一航行險境。

海峽北岸的下關，位於本州西南尾端，對岸九州門司港，穿越這一條位於赤間，舊稱「壇の浦」的海峽，可長驅直入瀨戶內海，抵達日本心臟地帶。舊名馬關海峽的關門海峽，古來爲軍事要地，因下關、門司，取名關門海峽。《平家物語》壇の浦決戰地，在關門大橋基座底下的御裳川公園，想見源平合戰激烈場面。

架設有數門大砲的「壇浦砲臺舊址」，面向海峽，公園矗立身著鎧甲，英姿豪邁、威風凜凜的源義經，以及雙手高舉錨碇，將纜繩綑綁身上的平知

NHK大河劇《義經》海報

下關壇の浦古戰場

安德天皇沉海紀念碑

平知盛

源義經

源義經與平知盛對峙

盛，兩尊雕像，一副無懼死生的決戰模樣；雕像前立有ＮＨＫ電視臺拍攝《義經》的演員瀧澤秀明與中越典子等人的銅製手印。

時爲一一八五年三月二十四日清晨六時，平家軍撤退到長門的彥島，源範賴和源義經布陣對峙。雙方早有海戰覺悟，開始糾結戰船，起先平家五百艘，源氏八百四十艘，兩軍互別苗頭，群起糾集船家加入戰局，書云：

> 源平兩軍拚命向前，吶喊廝殺，一時勝負難分，平家擁戴萬乘之君，攜帶傳國神器，源義經難操勝券，正自狐疑，忽見一朵白雲漂浮空中，那不是雲，是一支無主白旗，飄落源氏船頭的旗桿。

義經說道：「這是八幡大菩薩顯靈。」即起，淨手漱口，頂禮膜拜，軍兵紛紛跪拜行禮。

這時，有海豚千隻從源軍向平家船隊游來。平宗盛見了，召來陰陽師安倍晴信，問道：「海豚向來成群活動，這麼多魚群甚爲罕見，你看主何吉凶？」答：「海豚若游向源氏，源氏必亡，如向我方，我方必敗。」話未說完，成群海豚已從平家船底游過。晴信憂傷說道：「大勢去矣！」

期間，四國九州軍兵，悖離平家，歸順源氏，過去依附門下的人，如今對主公弓矢相向，持刀相對。平家軍駛船靠近對岸，但波高浪大，欲近不得；想駛往另一灘頭，又有敵軍埋伏，備弓以待。源平逐鹿，眼看就成定局。

此時，源義經下令集中狙殺平家的舵手。失去機動能力的平家船隊比源氏更加動彈不得；正午過後，潮流改變，源氏順勢接近平家軍，展開白刃血戰。戰情逆轉，一場激戰，平家勢衰，平知盛、平有盛、平經盛、平教盛、平行盛等大將陸續投海自盡，年僅八歲的安德天皇，由祖母二品夫人挾抱跳海身亡，壇の浦決戰結束，平家滅亡。

延伸地景

關門大橋：長一〇六八公尺，一九七三年通車，當代日本最長跨海大橋，可行駛六線道。

關門海峽隧道：海底六十公尺，長七八〇公尺的隧道，上下兩層，貫穿九州與本州。

角島大橋：山口縣西北海岸附近，度假區、藍海沙灘與日本最古老的西式燈塔。

下關市大歲神社：源義經在關門海峽戰役，曾帶兵到下關竹崎町大歲神社祈願。

平家の一杯水：壇の浦古戰場之一，平家敗仗之後，落海的武將爬上岸喝的水。

小泉八雲《怪談》

赤間神宮

壇の浦海戰一年後，源賴朝爲了撫慰安德天皇的怨靈，於幼帝投海殞命不遠的關門海峽對岸，在依山面海的坡地建立阿彌陀寺御影堂，供奉幼帝靈位；寺旁並祭祀在海戰中喪命，平家一族的「七盛塚」陵墓。安德天皇奉爲「久留米水天宮」祭神，成爲水神、安產之神，被各地水天宮祭祀。一八七五年，阿彌陀寺更名赤間神宮，一九六五年，新神殿竣工，建成赤紅色龍宮造型，以慰安德天皇在天之靈。神宮收藏有長門本《平氏家族故事》二十卷，列爲神宮寶物。神宮後側安置三座高十三層的水天供養塔、無耳芳一木雕坐像。

小泉八雲的《怪談》這樣敍述盲僧芳一：鎌倉初期，阿彌陀寺外面出現一名擅長琵琶，琴藝精湛的目盲青年芳一，彈唱的《平曲》臺本，聽衆無不感動落淚，欣賞芳一才華的阿彌陀寺住持，索性讓他住進寺院。

某個悶熱夜晚，住持外出爲喪家辦法會，行前，特意在芳一的肉身寫經

赤間神宮奉祀壇の浦海戰身亡的安德天皇

琵琶法師芳一木雕像

原名阿彌陀寺的赤間神宮

赤間神宮

文。芳一在迴廊彈奏琵琶，隱約聽見身後傳來腳步聲，沉重的步伐忽然在他面前停下，喊叫：「芳一！」他著實嚇壞。

「請問來者何方貴客？我眼盲看不見。」

「在下奉主人之命前來，主人身分高貴，爲觀賞壇の浦海戰遺跡，特地帶來隨從，住宿附近。聽聞先生彈唱平曲，主人很想聽，請跟我來。」

芳一聽後不明所以，可眼前這人仿如武將，口氣直接，使人無法拒絕，只好勉爲其難應允。

跟隨武將來到一間大屋，心想，這附近只有阿彌陀寺，哪有其他宅邸？不等開口，但聞武將下令喝道：「開門。」門啓，兩人進入，一時室內傳來推動紙門、板門的響聲，他依稀感覺身旁有人走動。突然，一隻手牽起芳一，帶他過庭院，走長廊，來到大廳，大廳聚衆，傳來宮廷用語的竊竊私語聲。

帶路人讓芳一坐大廳蓆墊，才一下身，聽得女官長的聲音：「我們想聽先生彈唱平曲，請開始。」

芳一露出疑慮表情問道：「平曲二百首，一個晚上彈唱不完，請問該從哪一首開始？」

「壇の浦。」對方回話。

……

一夜過去，住持回寺，只見芳一兩耳滲血，全身血跡斑斑，大叫芳一，他這才回神，哇一聲大哭，啜泣說起昨夜的事。

住持恍然：「啊，原諒我，只在先生身上寫經文，竟忘了耳朵，可你已得救，怨靈再也不會找你彈唱平曲了。」住持找來大夫爲他診療，傷重難治，芳一終於失去雙耳。

怪談傳開，後人便給目盲琴師取名「無耳芳一」，芳一圓寂，住持在神宮後院蓋了間「芳一堂」祭祀。

延伸地景

春帆樓：赤間神宮旁。伊藤博文與李鴻章簽訂日清戰爭議合「下關條約」所在。

日清講和紀念館：馬關條約相關史實資料保存的地方，重現條約簽訂會場實況。

李鴻章道：春帆樓旁邊小道，史稱李鴻章於此遭遇刺客暗算，落荒而逃的小路。

唐戶市場：港口附近，一樓海產集散地，二樓大多海鮮餐廳，河豚料理爲名物。

龜山八幡宮：唐戶市場對面，有世界第一大河豚銅像。繪馬、御守爲河豚造型。

赤間神宮葬有平家一門之「七盛塚」

安德天皇奉爲「久留米水天宮」
祭神的水天供養塔

平家一族的七盛塚

赤間神宮

赤間神宮入口鳥居

芳一堂

司馬遼太郎／龍馬行／龍馬出生地／高知

村上春樹／海邊的卡夫卡／香川

信濃前司行長／平家物語／德島祖

Shikoku Region

四國文學地景

・德島・香川・愛媛・高知

正岡子規／病床六尺／愛媛松山子規堂

夏目漱石／少爺／愛媛松山

菊池寬／菊池寬紀念館／香川高松

和田龍／村上海盜的女兒／愛媛今治

壺井榮／明天的風／香川小豆島

三島由紀夫《春之雪》

栗林公園

從高松市玉藻公園琴電高松築港站搭乘琴平線，行抵栗林町，日本園林最高傑作，第一庭園栗林公園，一步一景，選入電影《春の雪》作爲松枝侯爵家庭園，報載，拍攝過程，飾演松枝清顯的妻木夫聰，由衷讚譽：「有被栗林公園的美奪去魂魄的感動。」

擁有四百年歷史的栗林公園，位於高松市紫雲山東麓，稱「高松城主御花園」，分南庭迴遊式庭園，北庭準洋式庭園，原是松平家十一代藩主別墅，面積七十五公頃，一六二五年動工，耗時百年完成，一八七五年開放參觀。

庭園設計巧妙利用自然地形，紫雲山借景爲天幕，能工巧匠設計了六座水池、十三座假山。園區遍植鶴龜松、箱松、屏風松等一千四百餘棵松樹，樹齡兩百年以上，以及三百五十餘株櫻樹，初夏蓮花和菖蒲、寒冬山茶花，顯現不一樣的季節風貌，即便是：春賞櫻、夏賞荷、秋賞楓、冬賞梅，風情萬千。

坐落南湖，優雅弧形的偃月橋，綺麗無可比擬；從飛來峰眺望屹立水池的橋身，驚覺栗林公園最美景色就在那裡。南湖畔掬月亭、日暮亭是觀賞水池、奇岩怪石最佳地點，也是當代藩主筵宴請客賞景的茶屋。

《春の雪》是三島由紀夫的小說《豐饒の海》四部曲第一部，講述大正時代一對出身貴族的情侶，歷經坎坷悲戀的命運。青梅竹馬的戀人，侯爵家公子松枝清顯與伯爵家千金綾倉聰子，自見面後，深愛對方，彼此已達朝夕思慕的地步，卻只能以笨拙方式，表達愛意。

一個冬日清晨，兩人乘坐馬車看雪景，在純淨地飄雪的冷天，初次面對面的清顯與聰子，在沒有避開對方眼神的接觸下，自然的接吻。

彼時的綾倉家，宮家王子洞院宮治典王與聰子的婚約提議正被遊說中，對面臨沒落的綾倉家而言，能跟宮家互有婚約，是絕無僅有使綾倉家轉運的機會。這邊，聰子想確認清顯對自己的感情，清顯卻在這時，以自相矛盾的理由中斷與聰子聯繫。至終，失望的聰子只能接受提議，與宮家訂立婚約。

消息傳來，清顯首次察覺自己對聰子的愛如此深切，思念猶如大壩潰

2005年電影《春の雪》海報

栗林公園入口

高松城主御花園的栗林公園

優雅弧形的偃月橋

六座水池、十三座假山的栗林公園

偃月橋又一景

名副其實的大名林園

作爲電影《春の雪》松枝侯爵家庭園

有被栗林公園的美奪去魂魄的感動

堤，他希望能重新獲得聰子的愛。一個痴情男人等待許久，若不被感動，便是女人無情？一度想放棄對淸顯的愛的聰子，逐漸接受他。然，這是不被允許的禁斷之愛，兩人只能暗地幽會。

《伊勢物語》寫道：「到了天色微明時，吞聲飲泣回家去。」散步偃月橋，遙想《春の雪》淸顯站立橋頭，與女主角邂逅的動心之顏，那麼美，那麼雅的大名林園，怎不令人嘆爲奇景。

延伸地景

四國村：高松戶外博物館，復原日本各地民居特色，安藤忠雄設計四國村藝廊。
高松城跡：日本三大水城之一，利用臨海地形，護城河引水進入，使軍艦進城。
玉藻公園：用高松城遺跡建立公園，保存天守臺、月見櫓、艮櫓，中有披雲閣。
金刀比羅宮：供奉海上交通守護神，造船廠新船下水啓用前會來祈求航行平安。
高松港：連接四國、本州、直島諸島海上交通，入港船舶日本第二，是客運港。

壺井榮《二十四の瞳》

小豆島

小豆島隸屬香川縣，香川舊名讚岐，土產讚岐烏龍麵。從香川高松港搭渡輪到小豆島，航行一小時抵達土庄港。不遠處，即是傳說桃太郎率領猴子、雉雞、狗，前往舊稱鬼島的女木島，爲民除害的地方。船行瀨戶內海到小豆島，就是聽海，吹風，曬夕陽，景色怎麼看都美，水色清湛，飽覽蔚藍風光，說不上來的輕快心情；旅人坐入船艙，和菓子、飲料、水果，擺滿桌，談笑風趣，一副郊遊氣象，教人雀躍不已。

遠足小豆島，見到睡臥土庄港口石墩邊，頭枕鐵錨，一隻貓，躍進瀨戶內海明清朗朗的畫景裡。小豆島位於瀨戶內海播磨灘，面積一五三平方公里，僅小豆島町、土庄町二町，是瀨戶內海第二大離島，因成功栽植橄欖，以橄欖島聞名。

1954年電影《二十四の瞳》海報

海邊的二十四の瞳映画村

小說情節的教場

學童上課教室

爲電影搭景的村落

爲紀念壺井榮百年誕辰而建造的雕像

映画村電影牆

前往百年醬油廠及天滿宮神社

電影中老師與學童，女主角與童星

在小豆島遇上清朗晴空眞好，頭戴運動帽，租借電動單車，穿梭幽靜町畦，街道整潔的大家小戶，紫陽花綻放璀璨似錦；單騎走走停停，到達一九九六年登錄金氏世界紀錄，世界最狹窄海峽，最寬四百公尺，最窄九．九三公尺，居於中前島與小豆島的土渕海峽。

午后風輕涼爽，聽海濱貝殼淸脆聲，登上約束之丘展望臺、走近退潮後，前島、余島間袒露沙洲的天使散步道，不驚海波，美景浮現。

僅只退潮才能通行的散步道，是土庄町銀波浦的沙洲，長五百公尺，散步道被列爲戀人聖地，樹枝吊掛情人祈願的貝殼繪馬。傳說，只要愛人牽手走過沙洲，願望就能實現。

小豆島吸引無數戲劇作爲地景，必遊橄欖公園，陽光、海水、橄欖樹，成就旅人到此攬勝。眞人版電影《魔女宅急便》於此取景，就在白色風車前變身魔女，成爲遊客最愛。

再來，以瀨戶內海的寒村爲背景，描述新人教師大石和十二名學生的師生感情，以及摧毀這份眞心情誼的無情戰爭的作品，由出身小豆島的作家壺井榮原作的《二十四の瞳》改編爲電影，在能一覽瀨戶內海的海岸線，約一萬平方公尺的土地，重現大正末年到昭和初期的聚落：町內草木、房舍、校舍、老師家、漁夫家、茶屋、禮品店，無不忠實再現美好的懷舊時光。

外景搭建的場景改作「二十四の瞳電影村」，成爲文學與電影的主題園區。聚落的「壺井榮文學館」，展示作家愛用的物件，初版著作、《二十四の瞳》原稿，「藝廊松竹座電影館」隨時播放該影片；還有，電影黃金時期，常出現大銀幕的巨星劇照，在全長五十四公尺的電影藝術牆呈現。

誰要遞出智慧的橄欖枝？枝上無殘雪，看來也似花，小豆島景色教人銷魂哪！

延伸地景

小豆島橄欖公園：以電影《魔女宅急便》取景地聞名，完整保留電影拍攝建物。
天使散步道：小豆島西南方，退潮時從海中浮現砂洲，傳說這裡成爲戀人聖地。
土渕海峽：居瀨戸內海中前島與小豆島之間，窄處九．九三公尺，世界最狹窄海峽。
丸金醬油紀念館：百年歷史的合掌天然釀造倉，館內詳實介紹醬油製造與歷史。
妖怪美術館：近天使散步道，將早期吳服店、醬油店、活版印刷廠改裝藝術館。

夏目漱石《少爺》

道後溫泉

《少爺》主角哥兒常到住田的道後溫泉泡湯，這是喜歡泡溫泉的夏目漱石的心理投射；據稱，位於松山市東側的道後溫泉，因《少爺》名滿天下，人氣旺盛，《日本書紀》、《源氏物語》等文獻早已登場介紹，是「日本三古湯」之一。

松山市道後溫泉、兵庫縣有馬溫泉、和歌山白浜溫泉，並稱日本三大古湯；道後溫泉建於一八九四年，也卽夏目漱石到松山中學教書的前一年。溫泉館爲一座三層樓高的木構建築，至今仍保存一百多年前樣貌，是日本第一座列爲國家重要文化財的公共浴場。

澡堂分別：神の湯和靈の湯，溫泉館布置古雅，大浴池均有不同造型的出水口設施，牆壁爲白底藍花的瓷磚壁畫，其形象使人聯想，觸發宮崎駿靈

1977年電影《少爺》海報

少爺鐘

道後溫泉

日本三大古湯道後溫泉

感，創作《神隱少女》的油屋、衆神泡湯的情景。有稱，宮崎駿的長篇動漫《神隱少女》的創意，部分來自道後溫泉。

夏目漱石在道後溫泉下榻的三樓上等房，被設計成紀念室，取名「坊っちゃん間」，屋裡擺設夏目半身雕像、照片，供浴客參觀；溫泉館東側的又新殿，專供天皇使用，浴池爲精緻石雕，休息室牆壁，貼滿金色壁紙，彰顯王者氣派。

道後溫泉不僅是日本著名的古湯，還深得天皇、首相和衆文豪青睞。源泉溫度約在四十二度到五十一度之間，具有療治神經痛、胃腸病、皮膚病、痛風、貧血等效能。

與道後溫泉相關的《少爺》，敍述個性憨厚、單純，富於正義感的江戶青年哥兒，用雙親留下的遺產讀完物理學校，得校長引薦，前往四國愛媛縣松山市一所初級中學擔任數學教師。到任後，發現自己來到一所不好惹的學校：綽號「果子狸」的校長、喜歡穿「紅襯衫」的教務長、教務長的跟班美術老師「小丑」、宛若「晚生南瓜」的英語老師、「豪豬」數學老師，這些人虎視眈眈的在新學期來臨，以「黑暗現象」行動，等候來自江戶的哥兒報到；「哥兒」這個渾名即是這群老師給他取的外號。所有老師，就屬大光頭豪豬和他相處投緣。

小說描述哥兒在這所充滿「當權者及其追隨者醜陋嘴臉」的學校，四處碰壁、飽受屈辱。如：值夜班時，學生躡手躡腳潛伏進入，在哥兒的蚊帳扔蚱蜢，然後拔腿就跑。如：他想在溫泉浴池游泳，打門口一看，木牌上貼了張新紙條，寫著：「浴池內不得游泳」，他感受到學生都在監視他的行動。

小說語言幽默風趣，描寫手法誇張滑稽，人物個性鮮明突出，喜劇式主角，哥兒的率真、純樸和莽撞，在在反映庶民式的俠義心。

延伸地景

道後溫泉車站：夏目漱石初到松山中學校報到，第一次出現松山的袖珍火車站。

少爺列車：哥兒到松山搭乘「車廂像火柴盒一般」火車，前往中學教課當老師。

少爺鐘：車站不遠處，矗立少爺鐘，《少爺》主要人物，以塑像方式陳列其間。

子規堂：道後温泉車站附近，紀念俳人、硬式野球導入者正岡子規而建的館舍。

松山中學校：松山中學校執教一年的夏目漱石，於此獲取寫作《少爺》的靈感。

道後溫泉二樓休息室

少爺喜歡吃的糰子，成爲松山名物

少爺之間

曾是夏目漱石休息的房間取名「少爺之間」

商店以少爺出場人物公仔吸引來客

司馬遼太郎《坂上之雲》

松山城

《文藝春秋》出版，文學巨匠司馬遼太郎著作的《坂の上の雲》，闡述明治時期出生松山的三位知名人物：「日本騎兵之父」陸軍將領秋山好古、日俄戰爭擔任聯合艦隊參謀的秋山眞之，以及兩兄弟兒時好友俳人正岡子規，於明治維新衝擊激烈的年代，生活松山城下，奮勉生存的精神。及長，爲增進國力而跟西方列強拚鬥，進而成爲日本近代陸、海軍名將與俳聖的時代故事。

秋山好古，一八五九年出生松山城，松山藩士秋山久敬第三兒子。曾任名古屋師範學校附屬小學教師，後來進陸軍士官學校。一九〇四年日俄戰爭，擔任騎兵第一旅團旅團長，在沙河會戰，黑溝臺會戰，奉天會戰，運用騎兵戰術和俄軍作戰，終至擊敗號稱世界最強哥薩克騎兵，成爲勇將。

秋山眞之，一八六八年出生松山城，戰將秋山好古親弟，在漢學塾上學，一八八三年受正岡子規上京影響，前往東京大學學習教養課程。一九〇四年，作爲聯合艦隊司令官東鄉平八郎的作戰參謀，登上第一艦隊旗艦三笠，參與日俄戰爭，利用水雷封鎖旅順港，並制定阻擊沙俄前來救援的波羅的海艦隊的作戰方案，取得日本海海戰勝利，成爲日俄戰爭戰略勝利的關鍵人物。

正岡子規，一八六七年出生松山，一八九〇年進東京大學哲學系，結識夏目漱石，同時是日本引入棒球最狂熱的選手；一八九五年，作爲甲午戰爭隨軍記者，是日本俳句、和歌改革運動者，也是近、現代文學確立短詩型文學發展的改革者。

作爲三個男人精神依歸的松山城，留存幕末重建的大天守、現存甚少的望樓型二重櫓之的野馬櫓，以及本丸深達四十四公尺的水井。獲選「日本百選名城」、「最美歷史風土百選」、「日本櫻花名勝百選」、「日本歷史公園百選」四項殊榮的旅遊勝地。

司馬遼太郎的「坂の上の雲」意爲「山坡上的雲」，明示人生路卽便困難，崎嶇難行，只有肯跨越困境，奮力向上攀走，便能迎向天辰雲彩。

著名的歷史小說，二〇〇二年由NHK改編，企畫製作拍攝成同名電視劇，二〇〇九年播映，前後三年播畢。除了拍攝電視劇，知名設計師安藤忠雄受邀構圖設計，位於松山城下的「坂上之雲博物館」，博物館是以上述三人的故事爲主題建造的紀念館，二〇〇七年開館，安藤氏運用獨特思維，構成外觀兩個重疊的三角狀造型，地上建物四層、地下一層，融合松山城周遭歷史、文化，以及慣用的清水模打造，加上玻璃帷幕，引進松山城的綠意光芒，將山丘雲彩與自然環境融爲一體，讓遊客可以自在與大自然對話。

延伸地景

秋山兄弟舊居：松山城街口，醒目的橙色愛媛物產館橫街巷內，秋山兄弟故居。

子規紀念博物館：子規足跡、松山文學，復原夏目與子規同居的「愚陀佛庵」。

坂上之雲博物館：順著斜坡走上四層樓，同時循序了解《坂上之雲》情節發展。

萬翠莊：坂上之雲博物館旁，法式建築，正岡子規和夏目漱石曾在此探討文學。

道後商店街：二五〇公尺商店街集結六十間店，有美食「鯛魚飯」和「少爺糰子」。

松山城

松山車站

正岡子規描寫松山城的俳句碑

正岡子規描寫松山的俳句碑

秋山兄弟舊居

島田洋七／佐賀的超級阿嬤／佐賀

司馬遼太郎／龍馬行／長崎風頭山龜山社中

松本清張／某「小倉日記」傳／小倉

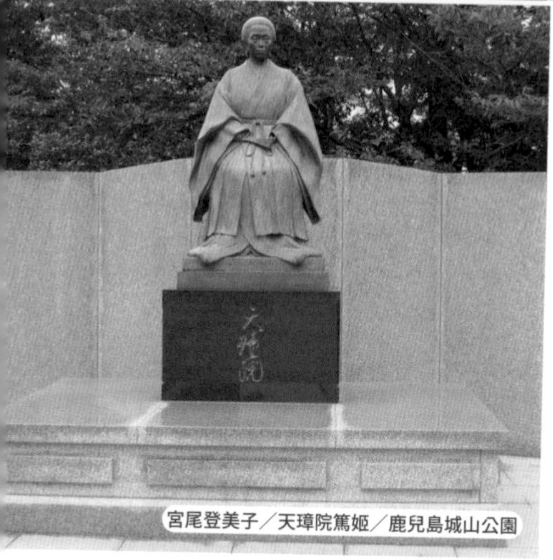
宮尾登美子／天璋院篤姬／鹿兒島城山公園

Kyushu Region

九州文學地景

・福岡・佐賀・長崎・熊本

・大分・宮崎・鹿兒島・沖繩

夏目漱石／草枕／熊本玉名天水町

吉本芭娜娜／《王國》—《另一個世界》／熊本天草

夏目漱石／二百十日／熊本阿蘇山

池上永一／海神之島／鹿兒島、沖繩

市川森一《蝶々さん》

哥拉巴公園

二〇一一年十一月，NHK電視臺以講談社出版，市川森一原著的《蝶々さん》，製播一部由演員宮崎葵飾演蝴蝶夫人的電視劇《蝴蝶夫人——最後的武士之女》，傳述具有武士道精神的蝴蝶，傳奇的一生。

蝶々さん出生幕末武家，前佐賀藩武士的女兒，父親因捲入佐賀之亂去世，由祖母和母親教導各種技藝；自小喜讀《葉隱》，不久，祖母和母親相繼過世，她成爲長崎丸山貸座敷的養女，並得到做海運的帶谷宗七幫助，成爲一家居酒屋的女老板，開始舞妓生涯，成爲長崎當紅藝妓。

某天，蝴蝶認識美國海軍軍官平克頓，兩人種下愛情因緣，平克頓在長崎山腰蓋了一幢可遠眺港口景致的歐式建築，準備迎娶蝴蝶，蝴蝶背棄宗教信仰，婚前前往教堂受洗，激怒當僧侶的叔父，但蝴蝶仍堅持用愛把自己奉獻給婚姻。

婚後，平克頓隨軍隊移防返美，他對蝴蝶說：「我會帶著玫瑰，在世界充滿歡樂、知更鳥築巢的時候回來。」一晃眼三年，杳無音信，所有人都認定平克頓絕不可能再回長崎，唯獨她帶著兒子，日夜守在山上小屋祈禱，深信丈夫有朝一日必定回來。

又是某天，丈夫的船艦進港，悲劇發生；原來，平克頓回美國後另結新歡，再度重返長崎，是要和妻子接走和蝴蝶生的小孩。

命運捉弄，徒增無奈，蝴蝶最後以宿命爲由，接受上帝安排，不過，她希望能和丈夫再見一面，未果，最後就在平克頓和美國妻子到達蝴蝶住處前一刻，當山下長崎港的汽笛聲嘟嘟響起，她竟以武士之女的尊嚴和勇氣，手握小刀，自戕生命，讓趕來的平克頓悲傷不已。

如美空雲雀的演歌〈長崎の蝶々さん〉所云：

鐘聲一再響起，戀之都，廣大的公館，只有一尊情郎留下的美國娃娃，那藍色的眼睛，令人懷念，蝶々さん、蝶々さん，長長的睫毛，出神地心神迷亂，今天在夢中看到你，花的浪漫史，長崎、長崎、長崎，戀之都。

多年後，蝴蝶的故居改建爲「哥拉巴公園」，是以德川幕末蘇格蘭貿

市川森一名作《蝶々さん》海報

蝶々さん與母親合照

哥拉巴公園

大浦天主堂

哥拉巴公園又稱「長崎明治村」

哥拉巴豪宅

哥拉巴豪宅內部展示

演唱《蝶々さん》歌劇聞名的三浦環

西洋建築的內部

易商人湯姆斯．哥拉巴的豪宅，絕美的西洋建築爲中心，再把分散鄰近的西洋建築，如林哥、奧爾特等宅邸，遷築形成「長崎明治村」。哥拉巴舊邸於一八六三年落成，面朝長崎港，是通商口岸建築的佳構，更是日本現存最古老的木製西洋建築。一九三九年由三菱船運公司買下，一九五七年獻給長崎市政府，一九六一年列入國家重要文化財。

園區還矗立一尊聲樂演唱家三浦環紀念雕像，多年來，她巡迴世界演唱歌劇《蝴蝶夫人》，儼然是蝴蝶的代言人。

延伸地景

大浦天主堂：日本最古老哥德式木造教堂，擁有鮮豔的法國彩繪玻璃引人注目。

福砂屋：長崎蛋糕流傳至今，福砂屋、松翁軒、文明堂，最富盛名「御三家」。

龜山社中：位於長崎風頭山，由坂本龍馬主導業務交易，是日本最早貿易商社。

夕顏丸海援隊：中島川中央橋與中央通河畔，舊跡立有說明碑文與夕顏丸雕像。

長崎港：又稱仙鶴港，作爲旅遊長崎的門戶，還有與多個離島聯繫的交通要地。

吉田修一《惡人》

長崎

自認爲「既不屬於東京，也不屬於故鄉」，在兩者間游移著孤獨與鄉愁，成爲書寫動力的吉田修一，名作《惡人》描寫一群年輕人在都會生活的各種憧憬與不安。故事敍說：一名保險業務員石橋佳乃被發現陳屍福岡與佐賀交界，三瀨峽山崖下，嫌疑犯極可能是當天搭載佳乃兜風的富家大學生增尾圭吾，或是跟佳乃透過相親網站認識的工人清水祐一。自此，展開一場使人看後鼻酸的離奇逃亡！

清水祐一是在長崎郊區長大的青年工人，從小與奶奶相依爲命。平日不僅要工作，還要照顧年邁的老奶奶。馬入光代是在佐賀男裝店做銷售工作的青年女子，她和妹妹同住一間公寓。

祐一正是媒體連日報導的殺人案件的兇手，他悲傷的對光代感嘆道：

なぜ、愛したのか。
なぜ、殺したのか。
悪人
深津絵里
ひとつの殺人事件。引き裂かれた家族。誰が本当の"悪人"なのか？
2010年吉田修一名作《惡人》電影海報

長崎港

長崎港

長崎地形

長崎平和公園

坂本龍馬的龜山社中在風頭山

《惡人》另一主要地景佐賀車站

眼鏡橋

長崎街市

「如果我們能早點相遇該有多好。」得知祐一的祕密，光代阻止他去自首。生平第一次嘗到愛情滋味的光代毫不在意對方是殺人犯，她與祐一兩人相偕逃亡，兩人來到偏僻海邊的燈塔，共度短暫幸福。

他們離奇的行動波及自己的家人以及被害者的家人，事情朝著出乎預料的方向發展，祐一爲什麼要殺人？光代爲什麼如此執迷於愛情？究竟誰才是眞正的惡人？吉田修一說：「沒有所謂的人性本惡，只有悲哀的人。」《惡人》於二〇一〇年被東寶公司拍成電影，李相日執導，深津繪里與妻夫木聰主演。

小說情節發生地長崎，三面環山，大多數住宅建於山坡地，形成階梯式或斜坡街道。幕末最常出現長崎的坂本龍馬，不論風頭山、龜山社中、哥拉巴公園或長崎港埠，都留有他跟洋人進行貿易與推翻幕府並行的蹤跡。

舊名「仙鶴港」的長崎港，位於日本四島最西端、九州西北部，與朝鮮半島和中國最接近，距上海八六〇公里，對馬島距韓國釜山僅五十三公里，是日本和亞洲各國貿易交流站。長崎是古代肥前國貧窮的海邊小港，中世紀的松浦地方、五島列島和對馬爲海賊據地，一五五〇年，葡萄牙船舶第一次登上平戶島，天主教也隨之傳來。

一五七〇年由大村純忠開港的長崎港，日後成爲與葡萄牙進行貿易的港口，大量西洋文化傳入，槍砲、基督教、天主教與著名的長崎蛋糕，就是其中最顯著者。其後，荷蘭與明朝商人也來到長崎進行貿易。一六四一年之後，德川幕府鎖國自封，只允許長崎跟荷蘭和清朝通商，這種情況一直持續兩百多年。整個長崎遍布歐式建築與華人民俗，是融合多元文化景象的港埠。近代長崎的造船業繁榮昌盛，美國海軍基地則位於長崎佐世保港。

延伸地景

中島川眼鏡橋：與之東京日本橋、岩國錦帶橋，名列三大古橋，倒影美似眼鏡。

長崎原爆資料館：上空投下原子彈「胖子」，一道白光劃破長崎，蘑菇雲翻滾。

平和公園祈念像：高十公尺雕像，右手象徵「天降核爆」；左手「安詳和平」。

豪斯登堡：完全模仿荷蘭的建築、街道、運河設立的主題遊樂場。位於佐世保。

長崎新地中華街：日本三大中華街之一，牌樓、民藝、燈會、美食，一應俱全。

司馬遼太郎《宛如飛翔》

鹿兒島

描述幕末至明治，破壞與重生，動盪年代的《宛如飛翔》，作者司馬遼太郎以維新三傑，出身薩摩下級武士的西鄉隆盛與大久保利通爲重心，再藉由兩個極對集團：西鄉爲首的薩摩武士與太政官政府體系的興衰起落，記述幕末維新至西南戰爭，動搖日本的激烈年代。

全書從明治維新政府、征韓論、佐賀之亂、征臺論、士族蜂起、薩摩軍宣戰，到西南戰爭敗走，述說西鄉與大久保在島津齊彬的庇護下嶄露頭角，憑藉兩人的實力，結束江戶幕府，並且參與明治維新，在新政府內，兩人意見互有不同，最後西鄉下野，在西南戰爭中，歿於鹿兒島城山，大久保則遭盜賊襲擊而殞命。小說寫得長，十大冊，情節地景大致集中九州鹿兒島，鹿兒島更成爲幕末最多遺跡的所在。

NHK大河劇《西鄉殿》海報

鹿兒島車站前，幕末志士群像

維新故鄉館

西鄉隆盛誕生地

話說，維新政府革新，徒讓下級武士無以維生，徵兵令施行，下級武士遭宣告失去軍權，西鄉爲圖恢復下級武士勢力，遂起「征韓」、「征臺」之念，自薦擔任遣韓大使，維新重臣大久保利通等人認爲維新政府應以內政爲重，否決西鄉提案，西鄉憤而下野，一八七四年辭職返鄉，在鶴丸城的馬小屋舊址開辦「私學校」，傳揚武士精神。

一八七七年，薩摩不平士族攻擊鹿兒島的政府軍火藥庫，揭開西南戰爭，西鄉聞訊後慨然長嘆，依然趕回鹿兒島，統率士族，以「質問政府」爲名揮軍北上，並在熊本城與政府軍激戰。最後政府軍擊敗薩摩軍，西鄉軍從田原阪敗仗返回鹿兒島，退守城山。面對政府軍進攻，守軍投降，西鄉在城山下令回擊，卻被流彈擊中，村田新八村從背後將西鄉抱起，西鄉說道：「被中要害，不可得救，請斬之！別府！別府何在？」忠僕別府晉介找來醫生急救，西鄉卻命令別府速速斬之，別府不得不從，揮淚斬西鄉。

西鄉僕人將西鄉首級藏起，不久被尋覓，曾被西鄉援救的政府軍官員山縣有朋見到西鄉首級，舉手敬禮，嘆道：「嗚呼！眞好死樣，與平生溫和的容貌毫無二樣，使我輩兩百數十日間，一日不安心者，以西鄉在也。今日我心終於安下；西鄉為天下英雄也，知我者莫若西鄉翁，知西鄉翁者莫若我矣。使西鄉至於今日，千古為之遺憾。」西鄉後來葬於鹿兒島淨光明寺山丘，享年五十一，明治維新最後內戰結束，宣告武士時代終結，史稱「西南戰爭」。

由湯姆・克魯斯、渡邊謙主演的電影《末代武士》、NHK大河劇《西鄉殿》，都以西鄉作為主軸，再以明治維新與西南戰爭為背景，戲說西鄉尚武的一生。

延伸地景

鶴丸城跡：薩摩藩初代藩主島津家居城，只剩石牆保留，內有篤姬雕像供參觀。

城山：西南戰爭最末戰場，西鄉隆盛躲藏的洞窟、自戕故地、墓塚，現為公園。

維新故鄉館：運用影像、透視、AI等科技，認識明治維新核心人物成長的歷史。

霧島神宮：九州南部最具代表性神宮，始建於西元六世紀，坂本龍馬到此蜜月。

櫻島：複合式活火山，形成優質溫泉；獨特風景，是櫻島吸引遊客的一大象徵。

城山公園西鄉隆盛雕像

城山洞窟

鶴丸城跡

西鄉隆盛終焉地

終結西南戰爭的城山洞窟

〈隨筆〉

文學旅人の春と夏

——記「日本文學館物語—陳銘磻文學行旅私房收藏展」①

陳銘磻

自一九八〇年開始日本旅行，四十年間走遍萬水千山，寺院、古蹟、名家故居、山水勝景，先後完成二十五冊探索文學地景的著作，直至二〇二二年以「文學旅人」之姿，出版《日本文學館紀行》，更是數十年辛勤落筆文學地景的終極。

那是沒有網路、手機，只有紙本地圖的八〇年代，獨力走訪關東、關西、東北、中部，尋索觀光產業興起，應運而生的文學地景，但盼感受日本重視文藝發展的眞實面目，領會昭和時代創行文學紀念館的起源意識：不僅保存作家書冊、手稿、信箋、書畫，就連漫畫、繪本等，都與文學館同列博物館系統，依此並列爲保存典籍、史料、文獻的文化資產，再藉由閱讀、開展新知，帶動旅遊，促使日本成爲擁有最多文學博物館的國家。

四十多年來，從走進位於東京目黑區，首座「日本近代文學館」開始，及至後來的「神奈川近代文學館」，鎌倉長谷「鎌倉文學館」，大阪茨木「川端康成文學館」、橫濱「大佛次郎紀念館」、宇治「源氏物語博物館」、新宿「漱石山房」、姬路「姬路文學館」、越後湯澤「雪國館」、城崎「城崎文藝館」等，我耗盡不少心思和體能，追蹤五十所以上，以作家、名著、區域爲名，別樣風情的文學館；足跡遍及舊宅、新館、城市、遠郊，散步古道、涵濡文風、遊歷文學館舍，歡喜在千重困境中遇見文豪經典之作、手稿、影像、書齋、文創作品，在文學光耀下，一垂兩垂竹捲簾，清明的展現從古代到現代、從傳統到流行，豐富而開闊，承載著大和文化美學，幽玄如花，飄瀟似雪，布滿文雅景色的極致光澤。

我不是個過站不停的旅人，只是偏愛閱讀、寫作和旅行；緣於二〇二二年夏季，曾爲我的著作《我的少爺時代》的出版，由新竹縣原民處長雲天寶及尖石鄉長曾國大、建設課長劉經邦的經心籌畫，在尖石鄉原住民文化館舉辦「陳銘磻文學展」的前例，以及思索如何在已知出版業頹壞的環境，愼思出版行銷的可行途徑，遂於寫作「日本文學地景」第二十五冊的《日本文學館紀行》的二〇二三年三月底，構想「日本文學館物語—陳銘磻文學行旅私房收藏展」，祈願傾力沉澱經驗，思索如何將多年來以昭和派的懷舊心情，走訪日本文學地景、文學館，精挑愼選的文創作品、精裝本原文書、珍貴的館刊、作家紀念物、紙工藝品等，以「把文學種在土地上」的理念和行動，用具體成品、美學思維，提供作爲具文學特質的展示活動的可能性，期盼吸引更多熱中日本文學、喜愛日本旅行的人，探悉人文旅行的玄奧，理解文學旅人的養成歷程；這個看來頗有見識的構想，至終獲得桃園市立圖書館的青睞與認可，通過招標程序，由聯合文學基金會執掌承辦長達兩個月展期，且爲圖書總館開館第一檔的春季展覽，參館民衆多達近萬人。

這種心通明白的感動自是喜不自勝，莫不歡心至極，就在年近七十三，漸入老境的後中年，能把個人所費不貲，藏諸多年，各文學館、文學景地印製發售的文學商品或紀念品，以及以文學地景爲基底的旅路見聞，用創制佳境的設計，期使參訪者能夠以如臨文學實境的導覽方式，在桃園圖書館新總館展出，其精緻布局，無非希望衆人從中觸及日本文學獨特的美貌、紙工藝文雅的美感，便於共相霑濡，一併透過資料考據、書寫、發表與展覽，見證文學旅人完成作品的過程，以及精巧注入美學元素，使文學被看見，而文學，也能適切的讓人文旅行增添弘深意涵。

承辦單位以創意之見，籌畫六個展場：日本文學地景紀行的主題書展、日本文學館五十選、百樣文創品拾趣、記載文學旅人創作與書寫歷程的筆記屋、光影中的日本文學館風貌、復刻版文豪書房，衍繹進化中的人文意識、美學教育，深入淺出呈現文學旅行的記趣，領受日本文豪浸沉閱讀的人文氣息，以至於別出心裁的清雅風貌。

立意萬種風情的文學與美學展示，不僅提供文創作品，兼具以迷你主題書展形式，展出個人蒐集多年，《日本文學館紀行》一書提及的五十座文學館及其延伸推薦的五十本經典名作、精琢挑選在報紙副刊書寫發表的多篇日本文學地景的報導刊本、一一六本著作，同時進行五場生動的閱讀講座：陳銘磻、林水福、林文義、曾郁雯、王聰威、向鴻全、姜泰宇、梁竣瓘、工頭堅、周昭翡等學者、作家，齊聚進行一場別開生面的日本文學、文學旅行與文學館紀行的演講活動，讓參訪者、讀者、聽衆，分享從風雅文學看見浪漫人文旅行的奧義。

桃園圖書館總館微光廳收藏展開幕會場

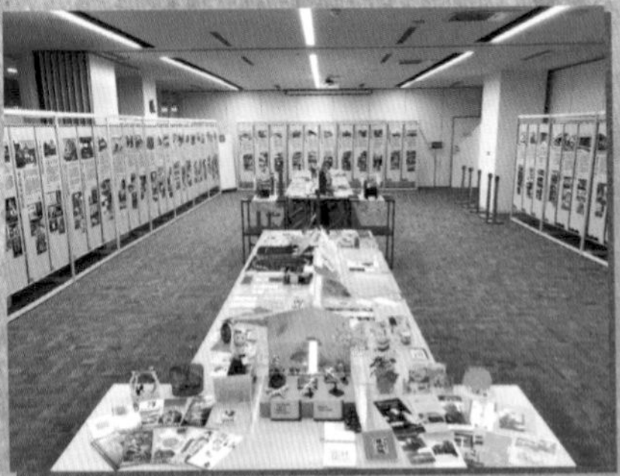

「日本文學館物語—
陳銘磻文學行旅私房收藏展」展場

作者在展場微光廳開講

作者爲參觀者導覽

「日本文學館物語—陳銘磻文學行旅私房收藏展」特設文豪書房

《源氏物語》收藏展

承辦單位用心體會製作的「一位文學旅人的養成」

最具玩味的大展場：我取用作家林文義贈與的三架日航飛機模型，帶領閱覽者啓航，象徵出發前往日本旅次；接續觀賞五十間文學館圖像與文創作品：《少爺》水晶列車、少爺人偶，《源氏物語》光源氏人偶、繪圖屏風，《伊豆の踊子》男女主角人偶、燈籠、湯本館清酒，司馬遼太郎《龍馬來了》坂本龍馬雕像，夏目漱石自繪稿紙、書法團扇、一筆箋，以樋口一葉、夏目漱石、源氏物語爲圖騰印製的日幣紙鈔，木編金閣寺，芥川龍之介《蜘蛛絲》、渡邊淳一《失樂園》、宮澤賢治《銀河鐵道之夜》等文豪手稿，銀河鐵道弁當盒，竹久夢二美人與貓畫作，以及川端康成、永井荷風、林芙美子、芥川龍之介等多位作家的名言筆跡画仙版等，總計百餘件。

繼而得見個人寫作日本文學地景和文學館的資料、參考書籍、館刊、原文版名著、發表於報紙副刊的五十篇書寫日本文學地景的裝幀圖像、二十五本文學地景紀行中文出版品、及至發聲錄音解說十二座文學館的來歷與景致的影片。

再者，進入設計師慧心巧思，重現《日本文學館紀行》的寫作宗旨：「文學館是作家書房的再延伸」，我則構思提議，模擬明治、大正、昭和時期的作家寫字間，精心致思構建日本文豪書房樣貌，作爲展區熱門景點；新造的象徵性書房，個人提供多樣珍藏品，展出三島由紀夫最常使用的同款派克鋼筆、川端康成在京都柊家旅館使用的同款菸灰缸、夏目漱石手繪的復刻版稿紙、我是貓、宮澤賢治〈不畏風雨〉手稿、太宰治的斗篷外套、中學生帽、木屐、清水寺茶杯、《伊豆の踊子》的燈籠、作家書法等，以懷舊幽情，慨然映現日本文豪的書房，充滿樸拙古風質感的文書用品；一時間，古意之美與虛靜恬淡並行相遇。

展場的陳設獨具風潮，眼見魅惑氣息的文學館特展，顯現日本工藝職人、紙製品手藝職人，對於文創商品的靈巧傑作，其創造的雅致美學，遑論一筆一紙、一書一物，使人愛不釋手；參訪者甚至可以在現場掃描，由作家向鴻全教授發想見解，承辦單位製作的，太宰治、谷崎潤一郎、東山魁夷、遠藤周作、佐藤春夫、石川啄木等人，共十二則裝滿朗讀、音樂、名家名句的QR Code，隨時聆賞文學家豐饒的心靈饗宴。

如此別具特色，由文學旅人主張的「文學館私房收藏展」，實爲臺灣相關文學展的首例，也是多年來從事文學旅行寫作，與出版日本文學地景的宏願，再次實踐；想來，安排在櫻花季與紫陽花盛開的春夏之際辦展，更能躍動日本文學館、文學地景多樣風姿的迷人面貌，尤其可人者，當見過夏目漱石自繪稿紙的展品後，倍覺文學紀行的綺麗之實，將會在純白稿紙上湧起無限可能。

原載二〇二三年四月號《聯合文學雜誌》

向鴻全教授為展覽活動演講

《少爺》收藏展

為展覽貢獻助力的作家學者：
姜泰宇、向鴻全、梁竣瓘、林水福、
周昭翡、陳銘磻、林文義、曾郁雯、
姚敦明、李文吉、周玉卿。

作家林央敏、許水富、陳銘磻、
姜泰宇、向鴻全、林文義在展場。

展出《金閣寺》

參觀者聚集「文豪書房」展覽室

展出日本文學家字跡

展覽會場的「文豪書房」展示：

·夏目漱石自繪專用稿紙
·川端康成住宿「柊家旅館」使用的菸灰缸
·三島由紀夫同款派克鋼筆
·宮澤賢治〈無畏風雨〉筆跡
·太宰治同款斗篷大衣
·谷崎潤一郎舊居書房的寫字桌

〈隨筆〉

藏在圖書館裡的阿萊夫

——記「日本文學館物語—陳銘磻文學行旅私房收藏展」②

向鴻全（教授、作家）

多年前，我還在研究所唸書，並且過著四處奔波兼課的打工歲月，那時沒有任何條件和資本，因此學校要我們開什麼課，我們就得完全配合，也不敢提出自己其實沒有相關專長，往往只能硬著頭皮，重新學習和備課。不過也因爲如此，好像也踏入了不少從未涉獵的領域，雖然辛苦，但也頗有收穫。記得當時有間學校，希望我能開一門關於臺灣報導文學的選修課，我想起過去在大學時期參加新聞社，有過編輯採訪的經驗，雖然報導文學並非我的研究領域，但是似乎有種年輕時代的記憶召喚，當然很樂意的接下任務了。

在備課的過程中，我讀到了《陳銘磻報導文學集》，還有其他選本經常收錄的〈賣血人〉和〈最後一把番刀〉，對於那群充滿探索熱情、和揭露鮮爲人知的社會眞實的寫作者，我懷抱著欽羨的心和敬意，而那列長長並閃閃發亮的文學隊伍，更是臺灣社會的驕傲——高信疆先生與中國時報人間副刊、陳映眞與《人間》雜誌、時報文學獎增列報導文學獎類，乃至聯合報副刊、自立晚報副刊、中央日報副刊等，那是臺灣報導文學最輝煌的風雲時代啊。我和同學一起讀著這些作家的作品，在作品逼顯出的眞實世界中，鼓動著激烈的感情，還好有這群擁有了不起心靈的作者們，把記憶與眞實保留下來了。

多年後，當臺灣社會興起了另一波「非虛構」（non-fiction）寫作的風潮時，我想到了當年的經驗，希望也能讓現在年輕的學生，也經歷我當時的震撼和啓蒙，於是邀請了陳銘磻老師來到課堂上，和我們分享他的寫作。那也是銘磻老師剛從臺北移居桃園不久，他正準備和桃園市文化局一起爲桃園的寫作貢獻心力的時候，記得在那場演講開始時，他就說正想邀請我參加一個文學籌備小組，沒想到我竟然先邀請他來演講了；就這樣，我和銘磻老師的關係，從一個讀者和學生的位置，成爲能夠和老師談天說地的後輩朋友；我也永遠記得和感念，銘磻老師把我從幽深隱藏的洞穴裡拉出來，讓我有機會可以在這麼多成就斐然的文學前輩的旁邊，聽他們談論文學，還有那麼多如寶石晶亮的記憶。

有時候在聚會當中，我默默聽著老師談著過去發生的事，那些人和經歷，明明就是可以寫入當代文學史的事，但銘磻老師總是淡淡的說，沒有誇張的聲音和表情，就像是報導文學作家一樣，眞實又鉅細靡遺的把他所經歷的事記錄下來，當我還沉浸在某個文學事件當中兀自驚呼的時候，老師只是搓揉著手，偶爾帶著那種「這值得大驚小怪嗎」的眼神和表情看著我，讓我不知道究竟是我眞的太無知、還是已經見識過大風大浪的老師早已對人間事了然於心；總之，銘磻老師所參與和見證的臺灣文壇大小事，讓我像個臺灣文學的補課學生，如同經驗時下最熱門的元宇宙技術，讓往事如在眼前，歷歷在目。

當然，我的日本旅行經驗，也受到銘磻老師日本旅遊文學書的啓發，啊，原來日本可以這樣遊玩，於是我也開始尋找探訪日本的文學館，在文學館中和閱讀心情和經驗相遇，後來老師說他已結集多年來走訪日本文學館的報導寫作，準備出版關於五十所日本文學館之踏查紀行，也爲未來即將成立的桃園文學館暖身，也像是一封長長的，給未來的臺灣文學館的備忘錄。在閑談中，老師也提到有機會把自己在日本各文學館購入的紀念文創商品，做一個特別的策展，也就是二〇二二年春天在桃園市立圖書館新總館六樓展出的「日本文學館物語——陳銘磻文學行旅私房收藏展」，這個展覽不僅可以從銘磻老師的私人收藏中一窺日本文學館旅行的世界，也可以看到銘磻老師其它日本文學地景與旅遊的著作。

在那樣的空間裡，彷彿也可以從這些收藏的物件中，回顧並且建構起一個文學旅人的眼界，更可以像是經驗波赫士作品中，那又像鏡子、又像地圖一樣，把無窮的宇宙和空間都包羅在其中，神祕、繁複又美麗的「阿萊夫」。

原載二〇二三年五月號《聯合文學雜誌》

注：阿萊夫是希伯來語字母表的第一個字母。西方哲學家解說它的原意爲「要學會說眞話」。在猶太的神祕哲學中，這個字母指無限的、純眞的神明。

《文學旅人》日本文學地景紀行第二輯目次 文學旅路

Hokkaido Region

北海道文學地景

道北・道東・道央

倉本聰 溫柔時光 富良野

三島有紀子 幸福的麵包 洞爺湖と昭和新山

Tohoku Region

東北地區文學地景

青森・岩手・秋田・宮城・山形・福島

宮澤賢治 銀河鐵道之夜 宮澤賢治童話村

石川啄木 一握之砂 岩手盛岡

Kanto Region

關東地區文學地景

茨城・栃木・群馬・埼玉・千葉・東京・神奈川

山岡莊八 德川家康 日光東照宮

江國香織 流理台下的骨頭 上野動物園

宮部美幸 平成徒步日記 上野公園不忍池

星馳周 不夜城 新宿歌舞伎町

碧野圭 書店女子 東京武藏野吉祥寺

石田衣良 下北SUNDAYS 東京世田谷區下北澤

吉田修一 東京灣景 御台場海濱公園

青柳碧人 天空樹下的新娘和新郎 東京晴空塔

Lily Franky 東京鐵塔：老媽和我，有時還有老爸 東京鐵塔

夏目漱石 三四郎 東京大學心字池

東野圭吾 信 澀谷

村上春樹 遇見一〇〇%的女孩 原宿

三島由紀夫 午後の曳航 橫浜市新港埠

芥川龍之介 蜜柑 橫須賀

Chubu Region
中部地區文學地景

山梨・長野・新潟・富山・石川・福井・靜岡・愛知・岐阜

- 隆慶一郎 影武者德川家康 名古屋德川美術館
- 司馬遼太郎 國盜り物語 名古屋熱田神宮
- 島崎藤村 拂曉前 岐阜中津川馬籠宿
- 小津安二郎 我是開豆腐店的，我只做豆腐 長野楢山節考
- 尾崎紅葉 金色夜叉 靜岡熱海
- 川端康成 伊豆的舞孃 伊豆湯本館
- 松本清張 天城山奇案 伊豆天城山

Kinki Region
近畿地區文學地景

滋賀・京都・大阪・兵庫・奈良・三重・和歌山

- 司馬遼太郎 國盜り物語 比叡山延曆寺
- 紫式部 源氏物語 清水寺
- 谷崎潤一郎 細雪 平安神宮
- 司馬遼太郎 義經 五条大橋
- 信濃前司行長 平家物語 六波羅蜜寺
- 谷崎潤一郎 瘋癲老人日記 南禪寺
- 天野頌子 歡迎光臨陰陽屋 伏見稻荷神社
- 川端康成 美麗與哀愁 知恩院
- 司馬遼太郎 最後的將軍 元離宮二条城
- 信濃前司行長／平家物語 神泉苑
- 司馬遼太郎 太閤記 大阪城
- 大谷羊太郎 神戶異人館戀の殺人 神戶異人館
- 村上春樹 聽風的歌 蘆屋夙川西宮
- 谷崎潤一郎 春琴抄 神戶有馬溫泉
- 梓林太郎 六甲山殺人夜色 神戶六甲山
- 松本清張 被玷汙的書 神戶明石海峽

Chugoku Region

山陰山陽文學地景

鳥取・島根・岡山・廣島・山口

竹久夢二 宵待草 岡山後樂園

松本清張 内海の輪 廣島尾道

島田洋七 佐賀的超級阿嬤 廣島原爆點

Shikoku Region

四國文學地景

德島・香川・愛媛・高知

村上春樹 海邊的卡夫卡 香川

角田光代 第八日的蟬 香川小豆島

信濃前司行長 平家物語 德島祖谷溪

司馬遼太郎 龍馬行 高知坂本龍馬出生地と紀念館

Kyushu Region

九州文學地景

福岡・佐賀・長崎・熊本・大分・宮崎・鹿兒島・沖繩

夏目漱石 二百十日 熊本阿蘇

司馬遼太郎 龍馬行 長崎風頭山龜山社中

文學旅人

此生必訪50個日本文學地景

Nihon Bungaku Tabibito

文．攝影／陳銘磻
企畫選書人／賈俊國

總編輯／賈俊國
副總編輯／蘇士尹
編輯／黃欣
美術編輯／賴賴
行銷企畫／張莉滎．蕭羽猜．溫于閎

發行人／何飛鵬
法律顧問／元禾法律事務所王子文律師
出版／布克文化出版事業部
115 台北市南港區昆陽街 16 號 4 樓
電話：（02）2500-7008 傳真：（02）2502-7676
Email：sbooker.service@cite.com.tw
發行／英屬蓋曼群島商家庭傳媒股份有限公司城邦分公司
115 台北市南港區昆陽街 16 號 5 樓
書虫客服服務專線：（02）2500-7718；2500-7719
24 小時傳真專線：（02）2500-1990；2500-1991
劃撥帳號：19863813；戶名：書虫股份有限公司
讀者服務信箱：service@readingclub.com.tw
香港發行所／城邦（香港）出版集團有限公司
香港九龍九龍城土瓜灣道 86 號順聯工業大廈 6 樓 A 室
電話：+852-2508-6231 傳真：+852-2578-9337
Email：hkcite@biznetvigator.com
馬新發行所／城邦（馬新）出版集團 Cité（M）Sdn. Bhd.
41, Jalan Radin Anum, Bandar Baru Sri Petaling,
57000 Kuala Lumpur, Malaysia
電話：+603- 9056-3833 傳真：+603- 9057-6622
Email：services@cite.my
印刷／卡樂彩色製版印刷有限公司
初版／ 2024 年 04 月
定價／ 420 元
ISBN ／ 978-626-7431-56-6（平裝）
EISBN ／ 978-626-7431-53-5（EPUB）

城邦讀書花園 www.cite.com.tw
布克文化 WWW.SBOOKER.COM.TW